智库丛书
Think Tank Series

国家发展与战略丛书
人大国发院智库丛书

开启常态化进程的中国宏观经济

Chinese Economy Continuing Recovery Towards Normalization

刘晓光　著

中国社会科学出版社

图书在版编目（CIP）数据

开启常态化进程的中国宏观经济 / 刘晓光著 . —北京：中国社会科学出版社，2022.2（2022.8 重印）

（国家发展与战略丛书）

ISBN 978-7-5203-9752-0

Ⅰ.①开… Ⅱ.①刘… Ⅲ.①中国经济—宏观经济—研究 Ⅳ.①F123.16

中国版本图书馆 CIP 数据核字（2022）第 027923 号

出 版 人	赵剑英
责任编辑	范晨星　郭曼曼
责任校对	王佳玉
责任印制	王　超
出　　版	中国社会科学出版社
社　　址	北京鼓楼西大街甲 158 号
邮　　编	100720
网　　址	http://www.csspw.cn
发 行 部	010-84083685
门 市 部	010-84029450
经　　销	新华书店及其他书店
印　　刷	北京明恒达印务有限公司
装　　订	廊坊市广阳区广增装订厂
版　　次	2022 年 2 月第 1 版
印　　次	2022 年 8 月第 2 次印刷
开　　本	710×1000　1/16
印　　张	10.5
插　　页	2
字　　数	116 千字
定　　价	58.00 元

凡购买中国社会科学出版社图书，如有质量问题请与本社营销中心联系调换

电话：010-84083683

版权所有　侵权必究

目　录

第一章　总论与预测 …………………………………………… (1)

第二章　常态化进程开启的 2021 年中国宏观经济 …………… (9)

第三章　中国经济常态化进程中面临的内外部压力 ………… (30)

第四章　2021 年支撑中国宏观经济运行的政策性力量 ……… (82)

第五章　常态化后中国宏观经济面临的中长期压力………… (121)

第六章　结论与政策建议 …………………………………… (148)

参考文献 ……………………………………………………… (158)

后　记 ………………………………………………………… (161)

第一章

总论与预测[*]

2021年是中国经济持续复苏并走向常态化的一年，是"十四五"规划开局之年、两个百年目标交汇与战略转换之年，2021年中国经济的常态化具有十分重要的战略意义。2021年上半年中国进一步巩固新冠肺炎疫情防控和经济复苏成果，积极应对内外部风险挑战，宏观经济运行稳中向好，生产需求持续扩大，就业物价基本稳定，微观基础明显改善，市场预期不断向好。

中国新冠肺炎疫情防控阻击战取得重大战略成果，经济保卫战、脱贫攻坚战取得全面胜利，在世界范围内率先步入稳定复苏道路之中，不仅显示了中国经济的制度优势、生产体系与产业链的弹性与韧性，更为2021年中国经济从持续复苏走向常态化打下了坚实的基础，为"十四五"开局进行战略深化和战略转型提供了契机。

在低基数效应、内生动力增强和趋势性回归力量的作用下，2021

---

[*] 本书数据分析除注明出处外，原始数据皆来自Wind数据库和中国人民大学中国宏观经济论坛测算。

年的中国宏观经济呈现"总体增速偏高""表面上逐季回落""实际上逐季回升"的显著特征，在全球主要经济体中率先开启常态化进程。一是国民经济实现恢复性增长，实际产出水平已基本回到长期增长趋势线。二是生产供给持续高速增长，产业复苏的短板领域加快补齐缺口。三是外贸外资延续强劲增长态势，为内需复苏争取宝贵时间窗口。四是消费和投资实现恢复性增长，并不断强化内需增长动力。五是企业绩效、居民就业、政府收入全面改善，微观基础得到深度修复。六是宏观经济景气程度显著回升，市场预期和信心明显改善。

2021年上半年，中国在全球范围内率先开启了政策常态化进程，并完成了压力测试。超常规政策的退出、财政政策节奏的后移、货币政策的边际收紧，使得上半年政策性支撑力量全面减少。中国经济增长出现边际放缓，但依然保持了稳健复苏态势，为最终实现常态化增添了底气。

新冠肺炎疫苗研制的成功及其在全球范围内不平衡的分配使用，使全球新冠肺炎疫情形势总体向好但局部恶化，世界经济在稳步复苏中出现明显分化。欧美等发达经济体在新冠肺炎疫苗接种、大规模刺激政策下加快复苏，而印度、巴西等部分发展中经济体则在新冠肺炎疫情失控、政策空间逼仄下陷入困境，国际政治和经济局势更加复杂。

复苏的不平衡不充分不稳定是2020年中国经济闪电式复苏的遗产，并对2021年中国经济的常态化和政策的常态化产生严重干扰，在外部新冠肺炎疫情反弹、国际大宗商品价格上涨、债务风险累积、政策性力量急于退出等因素综合作用下，中国经济常态化进程面临的内外部压力全面显化。一是内需恢复仍不充分，供需结构仍不平衡，指标比例仍不协调，区域分化仍在加剧，使得经济复苏动力在边际上出现弱化势头，影响经济常态化进程。二是国际大宗商品价格上涨，国内价格传导机制不畅，给宏观经济运行和货币政策实施带来严重干扰。三是趋势性消费需求不足成为扩大内需、畅通国内大循环的关键堵点。四是制造业投资与增加值增速严重背离，中长期预期有待改善。五是企业出现库存积压、资金周转困难等问题，信用市场风险有所释放。六是虽然就业压力减轻，但毕业生和农民工群体依然困难。微观主体对经济运行的直接感受与宏观数据表现产生一定的背离，社会不同阶层对宏观经济形势的认识也出现强劲分化。预期分化和经济主体对经济困难忍受程度下降是2021年宏观经济运行面临的新情况。

中国宏观经济常态化进程中面临的内外部压力，为2021年下半年精准施策、确保常态化进程全面完成提供了指引。展望下半年，随着中国经济内生动力进一步增强、常规性扩张政策效应的延后显化、中长期发展战略的布局和项目落地、全球新冠肺炎疫情及经济形势的逐渐明朗，中国宏观经济有望加快完成常态化进程。

经济内生动力的持续增强决定了趋势性回归力量将继续发挥主导作用，两个层次的缺口（需求缺口——需求增速是否匹配供给面增速；产出缺口——经济增速是否回归常态化增速）将最终得到完全弥补，同比增速"前高后低"、两年平均增速"前低后高"的基本走势将得到完整呈现，产出水平将更稳固地运行在长期增长趋势线之上。

2021年是中国宏观经济政策常态化的一年，超常规政策向常规性扩张政策的转换决定了政策增长拉动效应的后移，下半年政策效应充分释放将带来更为强劲的增长，成为弥补中国需求缺口和提振短期经济形势的核心因素。2021年宏观政策的基本定位是实现超常规政策向常规性扩张政策的转变，而非直接过渡到逆周期调节政策，全年来看，政策性力量的支撑效应依然强劲。

2021年是"十四五"规划开始部署实施的一年，在加快构建"双循环"新发展格局统领下，科技自立自强的布局、产业链供应链的安全性布局、国内大循环的畅通与短板的补足、扩大内需战略的启动等举措，不仅将引发经济主体预期的改变，同时也将替代非常规刺激政策成为需求扩张的基础性力量。

2021年是中国加强金融风险处置的一年，经济复苏与风险显化并存是宏观经济运行的一个鲜明特征，这也使得货币政策急于回归稳健中性，将政策重点转向防范化解金融风险以及平抑房价上涨势头。维持市场流动性合理充裕，将是未来一段时间的政策平衡点。一方面，从政策退出效应来看，随着特殊性支持政策的逐步退出，脆弱地区和部门的潜在风险势必凸显。另一方面，从风险演变规律来看，相比宏观经济复苏，微观基础的修复和金融风险的暴露会略有滞后。债务集中到期偿付的风险、大中型企业债券违约引发市场动荡的风险、地方财政紧平衡下城投信用风险、中小金融机构不良资产显化的风险、国际金融市场泡沫破裂的输入性风险，是2021年需要重点关注的五大金融风险。

从外部环境来看，大宗商品价格上涨、美联储加息缩表、中美经贸关系走向可能成为中国经济常态化的外部制约因素。各国不同步的复苏带来不同步的政策退出，特别是2021年下半年美联储释放加息缩表的信号，很可能引发国际金融市场剧烈波动，甚至导致外债比例偏高的脆弱经济体面临危机。

随着中国经济逐步回归常态化，趋势性下行力量的逐步显化将再次成为影响2021—2022年宏观经济走势的主导性因素，如何通过改革赋能也将重新成为核心议题，成为影响宏观经济走势和微观主体预期的重要因素。在经济常态化进行到一定程度乃至常态化进程完成后，新旧中长期下行压力将全面显化。一是区域经济分化较为严重，亟须全面提振北方经济，加快培育新的增长极。二是劳动人口压力急剧加大，放开生育政策远水解不了近渴，甚至会加大"十四五"时期压力。三是用工成本与碳成本双增，需要关注企业承受能力和国际竞争力。四是劳动力需求与供给错配，技术性结构性失业压力加剧。五是新冠肺炎疫情冲击长期创伤效应，需要着力改善中长期预期。六是从收入不平等到财富不平等，需要系统推进财税改革。中国经济真正实现常态化，不仅取决于短期政策常态化的路径和政策退出过程中的风险控制，也取决于新动能的持续成长以及市场主体积极性的激发状态，这就需要持续关注和推进改革新动力。

根据上述一些定性判断，本书利用中国人民大学中国宏观经济分析与预测模型——CMAFM模型，设定2021年主要宏观经济政策假设：（1）名义一般公共预算赤字率为3.2%；（2）人民币兑美元平均汇率为6.5。预测2021年中国宏观经济核心指标增长情况，结果如表1—1所示。

表1—1　2021年中国宏观经济核心指标增长预测

	2019年	2020年	2021年1—3月	2021年1—6月*	2021年1—9月*	2021年1—12月*
1. 国内生产总值	6.0	2.3	18.3	12.3	10.2	8.8
其中：第一产业增加值	3.1	3.0	8.1	4.5	3.5	3.0
第二产业增加值	4.9	2.6	24.4	14.0	10.9	9.1
第三产业增加值	7.2	2.1	15.6	12.0	10.4	9.0
2. 固定资产投资完成额	5.4	2.9	25.6	12.0	9.0	8.0
社会消费品零售总额	8.0	-3.9	33.9	23.0	18.0	14.0
3. 出口总额（以美元计价）	0.5	3.6	49.0	37.0	24.0	16.0
进口总额（以美元计价）	-2.7	-0.8	28.0	34.0	23.0	19.0
贸易盈余（亿美元）	4211.0	5269.0	1150.0	2530.0	4090.0	5500.0
4. 消费者物价指数	2.9	2.5	0	0.6	1.1	1.8
工业生产者价格指数	-0.3	-1.8	2.1	5.0	6.0	5.5
GDP平减指数	1.2	0.7	2.4	2.6	2.8	2.4
5. 广义货币（M2）	8.7	10.1	9.4	8.5	9.0	10.2
社会融资总额存量	10.7	13.3	12.3	11.0	11.5	11.2
6. 政府收入	6.2	0.5	29.3	20.5	14.2	10.0
公共财政收入	3.8	-3.9	24.2	21.0	15.0	12.0
政府性基金收入	12.0	10.6	47.9	19.0	12.0	6.0

注：*表示预测值。

在经济复苏与基数效应的双重作用下，2021年中国宏观经济各类同比参数全面走高。预计上半年实际GDP增速将达到12.3%，全年实际GDP增速将达到8.8%，各季度增速将从第一季度的18.3%逐季回落到第四季度的 5.5%，呈现前高后低的运行态势。实现全年 8.8% 左右、第四季度 5.5% 左右的增速，不仅意味着强劲的增长，也标志着中国经济常态化进程的全面完成。

2021 年供需两端进一步修复调整并趋于平衡。在供给端，第三产业将进行深度修复，增加值增速将反弹到 9.0% 左右，较 2020 年上扬 6.9 个百分点，第二产业增加值增速达到 9.1%，较 2020 年上扬 6.5 个百分点；在需求端，固定资产投资将持续回升，增速达到 8.0% 左右，较 2020 年上扬 5.1 个百分点，消费明显恢复，从 2020 年负增长 3.9% 转为正增长 14.0%。在全球新冠肺炎疫情得到控制和大规模居民收入刺激下，外需持续强劲，进出口贸易延续 2019 年下半年较快增长态势，贸易顺差持续扩大，预计 2021 年全年达到 5500 亿美元，较 2020 年增长 4.3%。考虑到人民币升值和基数因素，净出口的增长拉动效应弱于 2020 年，2021 年中国经济增长更加依赖内需强劲的支撑。

在供求相对平衡和基数因素的作用下，2021 年中国物价水平总体平稳，但内部分化较大，在食品价格明显回落、核心 CPI 和 GDP 平减指数小幅上扬、大宗商品价格大幅上涨等因素的共同驱动下，预计 CPI 涨幅为 1.8%，PPI 涨幅为 5.5%，有效需求偏弱依然是 2021 年中国宏观经济运行的核心表象问题。

2021 年是非常规政策退出的一年，货币政策进行了边际调整，数量上的收缩和价格上的趋稳反映了政府对金融风险的高度关注。广义货币供应量（M2）增速将略低于名义 GDP 增速，年末预计为

10.2%左右,社会融资总额存量增速预计回落至11.2%左右,与名义GDP增速大体相当。

随着经济复苏和房地产市场升温,2021年政府收入将在公共财政收入和政府性基金收入回升的作用下得到全面改善,为2021年合理安排支出打下基础。预计2021年政府收入增速达到10%左右,其中公共财政收入和政府性基金收入增速分别为12.0%和6.0%,高于2021年预算安排。

第二章

常态化进程开启的 2021 年中国宏观经济

2020年中国经济成功摆脱新冠肺炎疫情困境并实现"V"形反转，成为全球主要经济体中唯一实现正增长的经济体。2021年，中国在稳步复苏的路径之上，进一步巩固新冠肺炎疫情防控和经济社会发展成果，积极应对新冠肺炎疫情波动和外部风险挑战，宏观经济运行稳中向好，生产需求持续扩大，就业物价基本稳定，微观基础明显改善，市场预期不断向好。在低基数效应和趋势性力量回归的作用上，中国宏观经济呈现出"总体增速偏高""表面上逐季回落""实际上逐季回升"的显著特征，在全球范围内率先开启常态化进程。

一　国民经济实现恢复性增长，产出水平正在回归长期增长趋势线

自新冠肺炎疫情暴发以来，随着规模性政策的实施、外需的持续上扬和内生动能的逐步恢复，中国宏观经济在持续反弹中呈现加速复

苏态势，2020年第四季度的同比增速已接近潜在水平，为2021年非常规政策逐步退出和新战略规划的部署实施创造了良好的宏观环境。因此，判断中国经济常态化进程开启并顺利推进的核心标准是以2019年为基期的两年平均增速"前低后高"，而风险识别标准则是需求指标的环比增速是否持续向供给和常态水平收敛。

2021年上半年，中国宏观经济核心指标在"V"形反弹的基础上，进一步巩固稳健复苏态势。第一季度实际GDP同比增长18.3%，剔除基数因素，相比2019年同期的两年平均增长率为5.0%，接近常态化增长速度。其中，农业种植业的增加值同比增长3.3%，两年平均增长3.4%；第二产业增加值同比增长24.4%，两年平均增长6.0%；第三产业增加值同比增长15.6%，两年平均增长4.7%。除服务业外，三大产业增速已基本恢复到常态水平。

从以当季环比增速构建的定基指数看，截至2020年第四季度，中国的实际产出水平已经回归到长期增长趋势线，2021年第一季度进一步确认了这一回归，只是目前还不稳固，相比长期增长趋势线存在下行波动缺口，有待进一步巩固。

值得一提的是，从相关指标的匹配性来看，第三产业增速可能被低估。一是从用电量等实物量指标来看，第三产业增加值增速偏低。2020年第一季度，第二产业用电量同比增长26.6%，相比2019年同期增长15.3%，两年平均增长7.4%，这些参数与第二产业增加值增速基本匹配；但是，第三产业用电量同比增长26.8%，相比2019年同期增长16.5%，两年平均增长7.9%，这些参数显著高于第三产

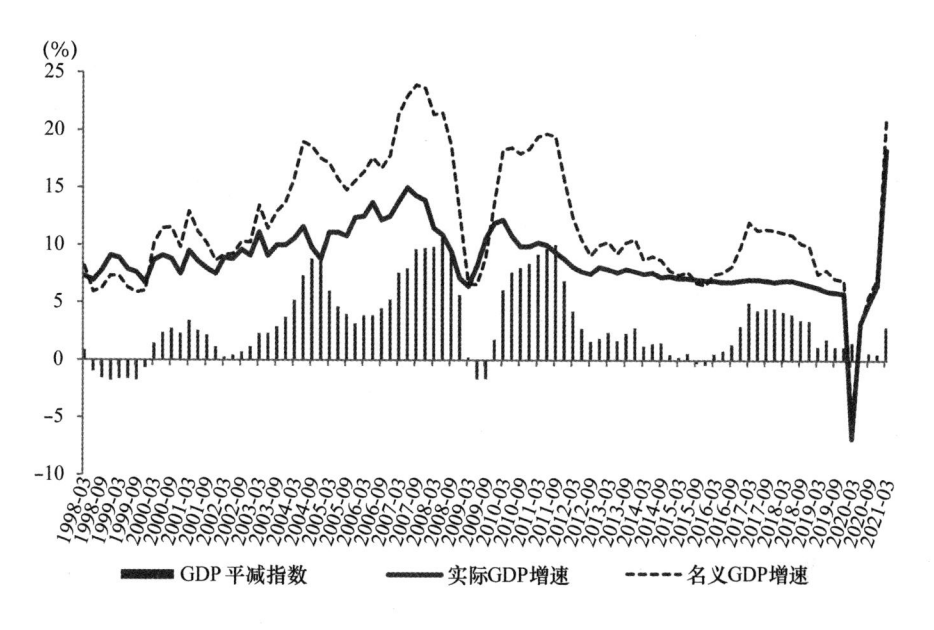

图 2—1　1998 年 3 月—2021 年 3 月中国 GDP 增速变化趋势

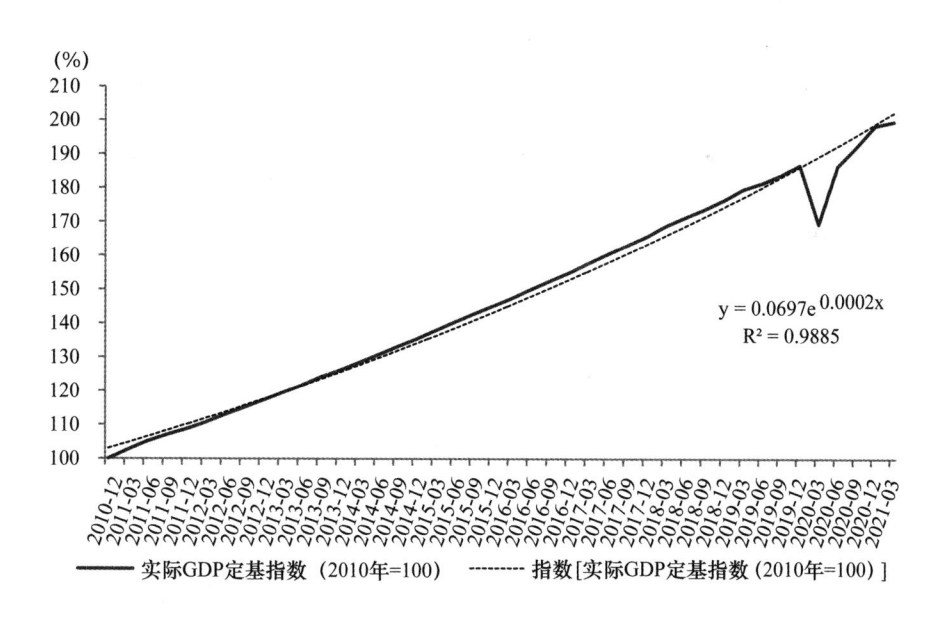

图 2—2　2010 年 12 月—2021 年 3 月中国实际 GDP 回归长期增长趋势

业增加值增速。二是从生产指数来看,第三产业增加值增速也偏低。2019年服务业生产指数增长6.9%,增加值增长7.2%,2021年第一季度服务业生产指数两年平均增长6.8%,增加值仅增长4.7%。以上两点表明,国家统计局关于第一季度服务业增加值的初步核算结果可能存在一定低估,进而第一季度实际GDP增速也可能存在低估。

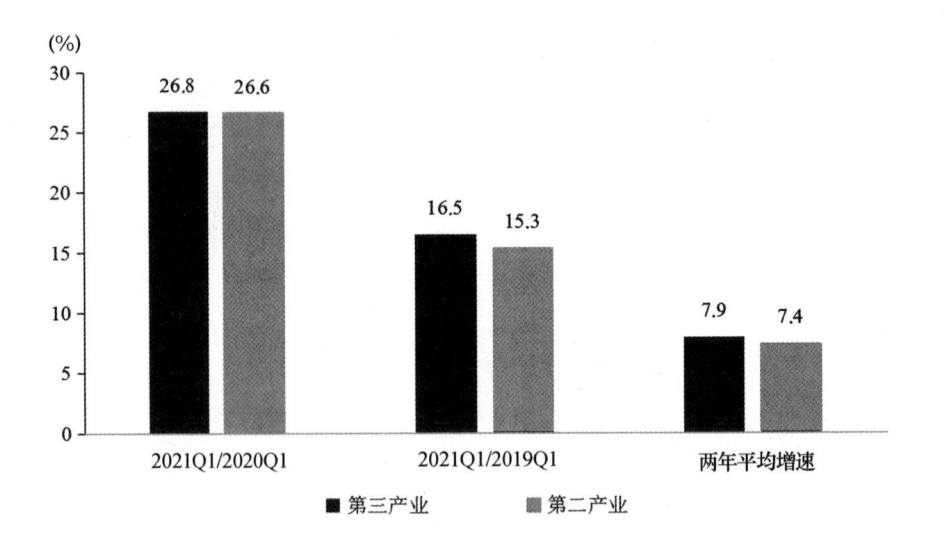

图 2—3 (2019Q1—2021Q1)第二、第三产业用电量增速对比

二 生产供给持续高速增长,产业复苏的短板领域正在加快补齐缺口

2021年,产业复苏的态势进一步巩固,受新冠肺炎疫情冲击严重的短板行业实现了强劲反弹,进一步补齐缺口。1—5月,规模以

上工业增加值同比增长17.8%，两年平均增长7.0%，增速已经高于新冠肺炎疫情前的正常水平。第一季度工业产能利用率达到77.2%，为近几年同期最高水平，说明工业生产已经恢复得较为充分。

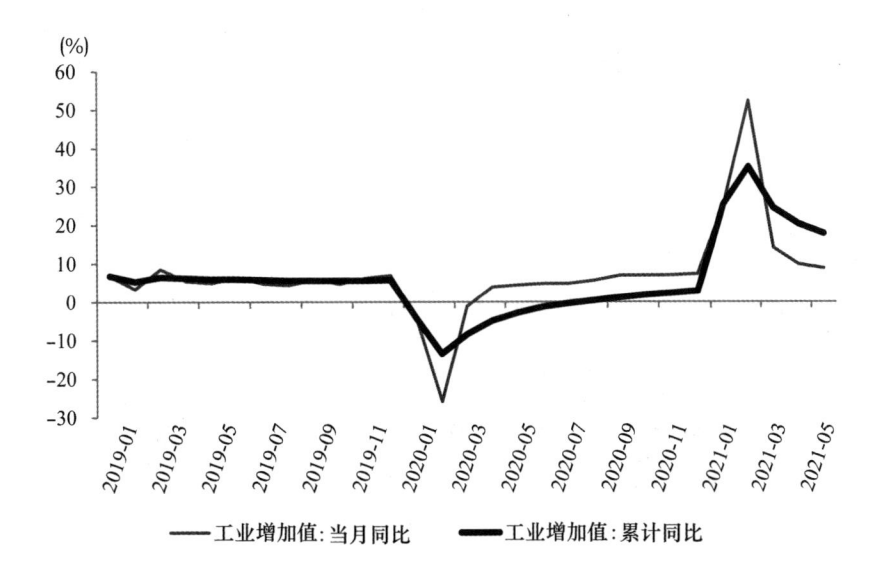

图2—4 2019年1月—2021年5月中国工业增速

从服务业生产来看，1—5月，服务业生产指数同比增长23.6%，两年平均增长6.8%，接近新冠肺炎疫情前2019年全年6.9%的水平，这说明服务业生产基本实现恢复性增长。1—4月，规模以上服务业企业营业收入同比增长34.4%，两年平均增长10.8%，预示着服务业生产经营有后劲。第一季度，服务业增加值同比增长15.6%，两年平均增长4.7%，服务业增加值占GDP比重为58.3%，对国民经济增长的贡献率为50.9%，拉动国内生产总值增长9.3个百分点，分别高出第二产业21.1个、3.8个和0.7个百分点。

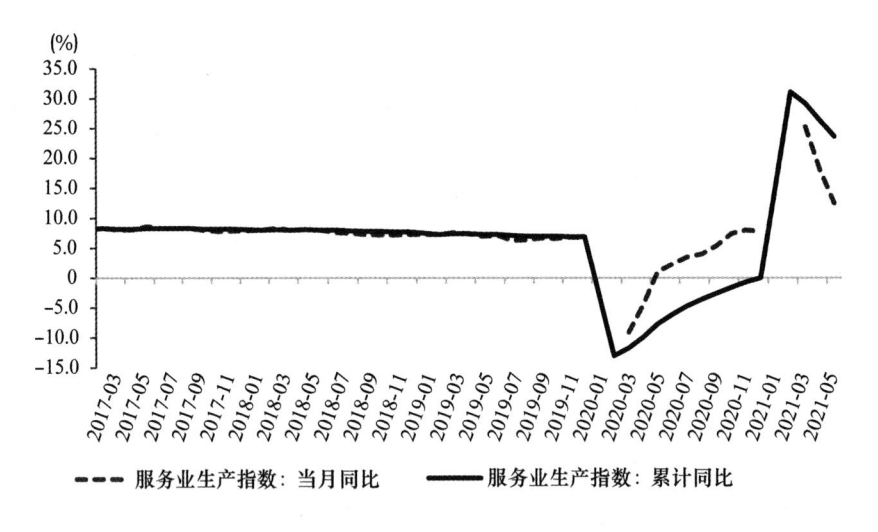

----- 服务业生产指数：当月同比 —— 服务业生产指数：累计同比

图 2—5　2017 年 3 月—2021 年 5 月中国服务业生产指数变化趋势

经济复苏的短板领域在加速补齐。2021 年 5 月，服务业商务活动指数为 54.3%，连续 15 个月高于临界点；其中，铁路及航空运输、住宿、电信广播电视卫星传输服务、文化体育娱乐等行业商务活动指数位于 60.0% 以上高位景气区间。第一季度，交通运输、仓储和邮政业两年平均增速为 6.6%，快于 2019 年增速，批发和零售业两年平均增长 2.0%，包括受新冠肺炎疫情冲击最严重的餐饮和旅游服务业也出现全面反弹，餐饮收入同比增长 75.8%，恢复到 2019 年同期 99% 的水平，旅游收入恢复到 2019 年同期 95% 的水平。

事实上，从单季增长情况来看，中国主要产业在 2020 年第四季度已接近正常增长水平。首先，从三大产业看，第一产业、第二产业单季增速已经达到甚至超过 2019 年水平，回归正常增长轨道，仅第三产业相比 2019 年增速仍有差距；其次，从细分行业看，农林牧渔业、制造业、建筑业、批发和零售业、交通运输、仓储和邮政业、金融业、房地产业、信息传输、软件和信息技术服务业,单季增速已经达到甚至超过2019年水平,回归正常增长轨道,仅住宿和餐饮业、租赁和商务服务业以及其他行业,距离2019年增速仍有较大差距。这意味着产业复苏越发全面,宏观政策可以更加有的放矢。

表2—1　　中国产业复苏距离"正常化增长"还有多远?

	2019 Q4	2020 Q1	2020 Q2	2020 Q3	2020 Q4	2019Q4—2020Q4
GDP	5.8	−6.8	3.2	4.9	6.5	0.7
第一产业	3.4	−3.2	3.3	3.9	4.1	0.7
第二产业	5.0	−9.6	4.7	6.0	6.8	1.8
第三产业	6.9	−5.2	1.9	4.3	6.7	−0.2
农林牧渔业	3.5	−2.8	3.4	4.0	4.2	0.7
工业	5.0	−8.5	4.1	5.6	6.9	1.9
制造业	4.8	−10.2	4.4	6.1	7.3	2.5
建筑业	4.9	−17.5	7.8	8.1	6.6	1.7
批发和零售业	5.3	−17.8	1.2	3.1	6.3	1.0
交通运输、仓储和邮政业	5.7	−14.0	1.7	3.9	7.6	1.9
住宿和餐饮业	5.3	−35.3	−18.0	−5.1	2.7	−2.6
金融业	6.5	6.0	7.2	7.9	7.0	0.5
房地产业	2.1	−6.1	4.1	6.3	6.7	4.6
信息传输、软件和信息技术服务业	18.6	13.2	15.7	18.8	19.7	1.1
租赁和商务服务业	10.0	−9.4	−8.0	−6.9	2.2	−7.8
其他行业	7.1	−1.8	−0.9	2.3	4.5	−2.6

三 外贸外资延续强劲增长态势，为内需复苏争取宝贵时间窗口

中国与世界新冠肺炎疫情防控的不同步、中国供应链与世界供应链重启的不同步，使中国产业优势得到了充分发挥，不仅为世界各国提供了抗疫物资和生活物资的供给基础，也保证了中国出口不仅没有随着世界贸易的崩溃而崩溃，反而逆势出现超预期增长，为中国内循环的重启和经济整体复苏提供了时间窗口。

2021年以来，在全球规模性政策刺激下，国内外生产相对各自需求恢复的不同步为中国出口增长进一步提供了动力。1—5月，以人民币计价，中国货物出口同比增长30.1%，两年平均增长11.2%，进口同比增长25.9%，两年平均增长9.2%，贸易顺差13233亿元，同比增长56.2%，两年平均增长23.4%，两年平均增速均超过新冠肺炎疫情前的水平，也分别较第一季度回升0.5个、0.4个、1.5个百分点。货物贸易不仅对中国经济同比增长产生较强拉动作用，且两年平均增速超过新冠肺炎疫情前的水平，有力支撑了中国经济的常态化进程。同时，1—4月，中国实际使用外商直接投资590亿美元，同比增长42.8%，两年平均增长14.3%，较第一季度提高2.4个百分点，也显著好于新冠肺炎疫情前的增长情况。外资外贸的逆势上扬，说明市场的力量依然强大，中国制造的战略地位也不容小觑，去全球化和围剿中国并非线性变化。新冠肺炎疫情后中国经济巨大的需求市场、产业链及供应链的完整性和稳定性是其他国家短期内所难以替代的。

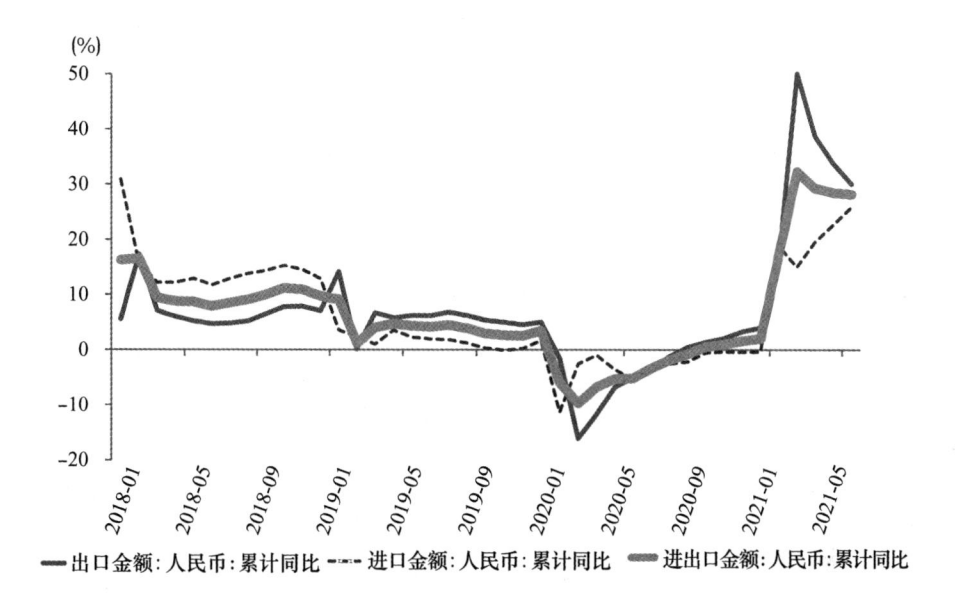

第二章 常态化进程开启的 2021 年中国宏观经济 | 17

图 2—6 2018 年 1 月—2021 年 5 月中国对外贸易增速

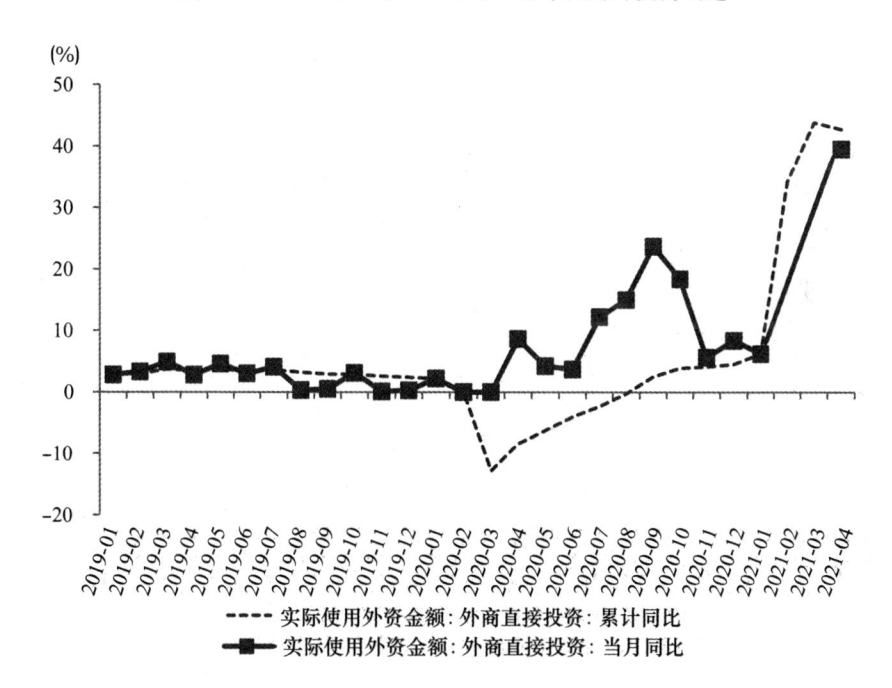

图 2—7 2019 年 1 月—2021 年 4 月中国外商直接投资增速

四 消费和投资实现恢复性增长，不断强化内需增长动力

2021年1—5月，社会消费品零售总额累计同比增长25.7%，两年平均增速为4.3%，较第一季度提高0.1个百分点。其中，5月消费两年平均增速为4.5%，较第一季度提高0.3个百分点，商品零售两年平均增长4.9%，餐饮收入两年平均增长1.4%，消费的增长面扩大。1—5月，固定资产投资累计同比增长15.4%，两年平均增长4.2%，较第一季度提高1.3个百分点。

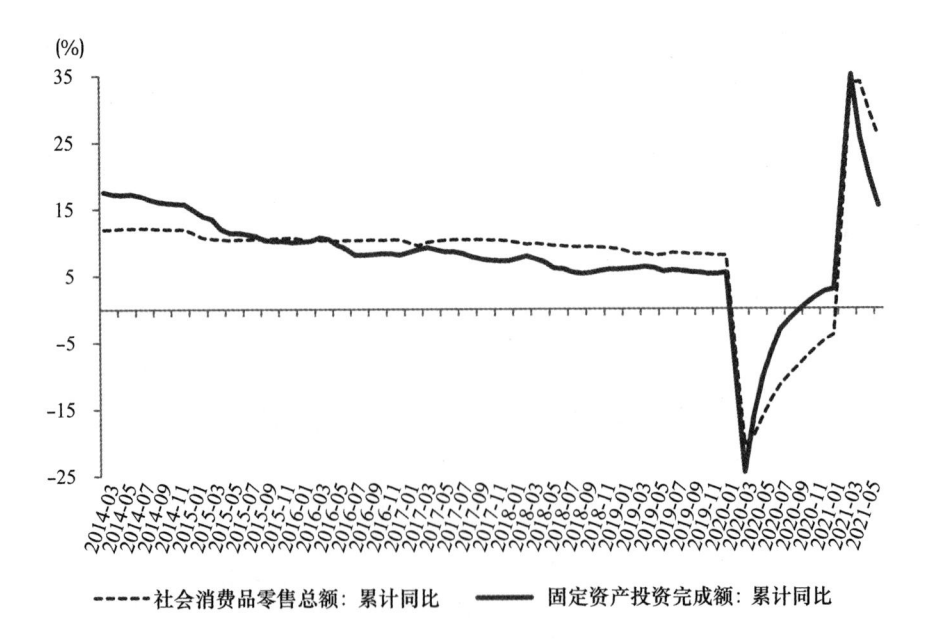

图2—8 2014年3月—2021年5月中国消费和投资的同比增速

五 企业绩效、居民就业、政府收入全面改善，微观基础得到深度修复

随着经济逐渐走出新冠肺炎疫情冲击和需求低迷状态，企业利润额出现大幅增长，亏损面和亏损额显著缩小，资产负债率下降。2021年1—4月，全国规模以上工业企业实现利润总额25944亿元，同比增长1.06倍，比2019年同期增长49.60%，两年平均增长22.30%，高于新冠肺炎疫情前的利润增长水平。企业营业收入利润率为6.87%，比2020年同期提高2.42个百分点。在41个工业大类行业中，39个行业利润总额同比增加，1个行业扭亏为盈，1个行业实现减亏。亏损家数同比减少17.70%，亏损企业亏损额减少31.90%。与此同时，规模以上服务业利润同比增长3.3倍，超过2019年同期水平，说明服务业经营绩效得到根本改善。

企业绩效的显著改善，有利于企业投资的复苏和债务风险的化解。2021年4月末，规模以上工业企业资产同比增长9.40%，负债增长8.60%，所有者权益增长10.40%，资产负债率为56.30%，同比降低0.4个百分点。

随着经济稳步复苏，城镇调查失业率显著下降，居民收入稳步增长。2021年5月，全国城镇调查失业率为5.0%，比3月下降0.2个百分点，比2020年同期下降0.9个百分点。其中，25—59岁人口调查失业率为4.4%，比3月下降0.4个百分点。5月，就业人员平均工作时间为47.3小时/周，比3月增加0.4小时，比2020年同期增加

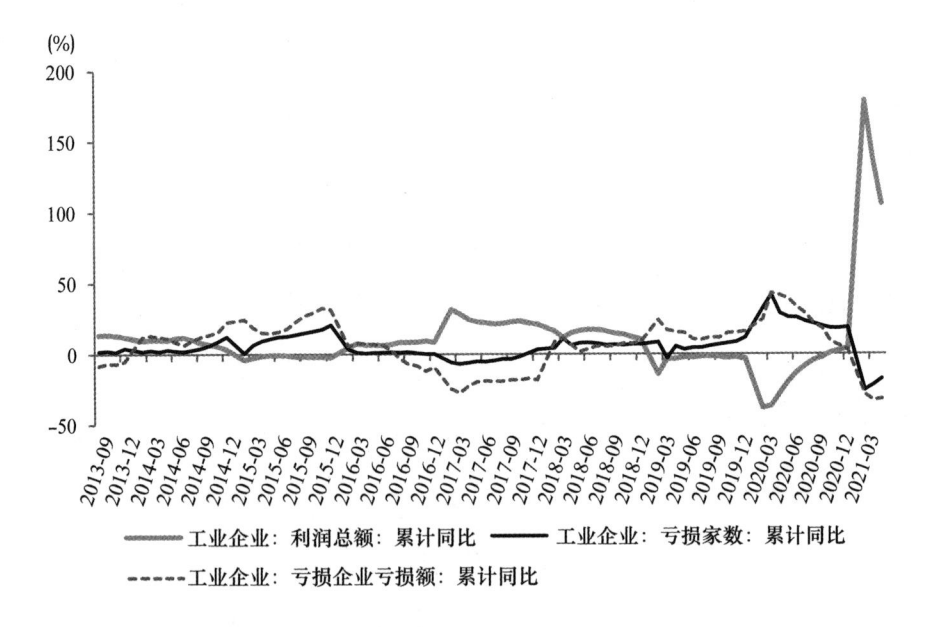

图2—9　2013年9月—2021年3月中国工业企业绩效变化趋势

1.2小时,创下近几年来的最高纪录。2021年1—5月,城镇新增就业人数达到574万人,完成全年目标的52.2%,同比增长24.8%,达到2019年同期96.0%以上的水平。

居民可支配收入实际增速显著提高,消费潜力有望加速释放。2021年第一季度,全国居民人均可支配收入名义同比增长13.7%,实际同比增长13.7%,实际增速显著回升,带动全国居民人均消费支出实际同比增长17.6%。

随着经济复苏,政府公共财政收入和政府性基金收入明显改善。2021年1—5月,公共财政收入累计同比增长24.2%,其中税收收入累计同比增长25.5%;同时,全国政府性基金收入累计同比增长25.6%,较2020年均出现明显改善,也反映了经济基本面好转。政

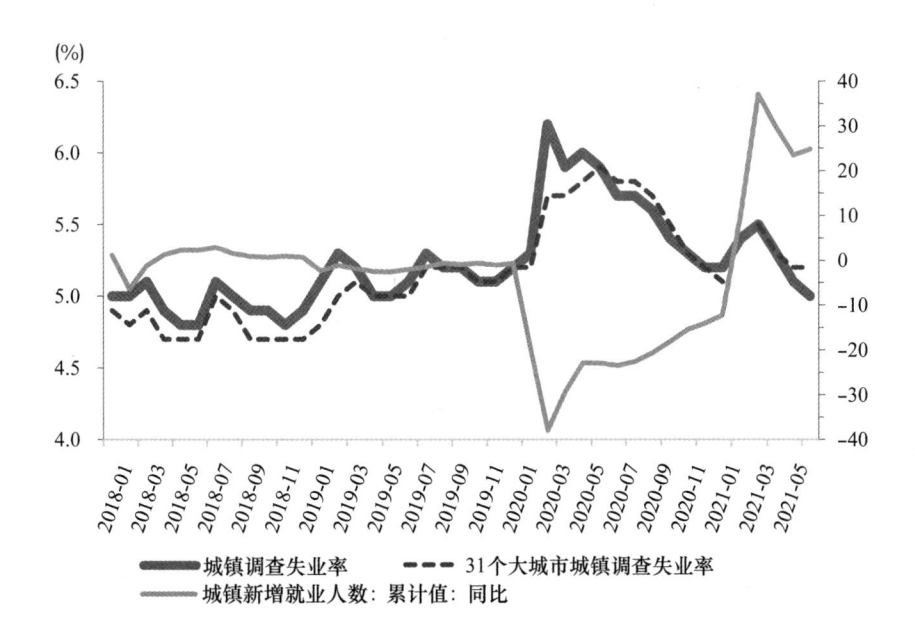

第二章 常态化进程开启的 2021 年中国宏观经济 | 21

图 2—10 2018 年 1 月—2021 年 5 月中国失业率变化趋势

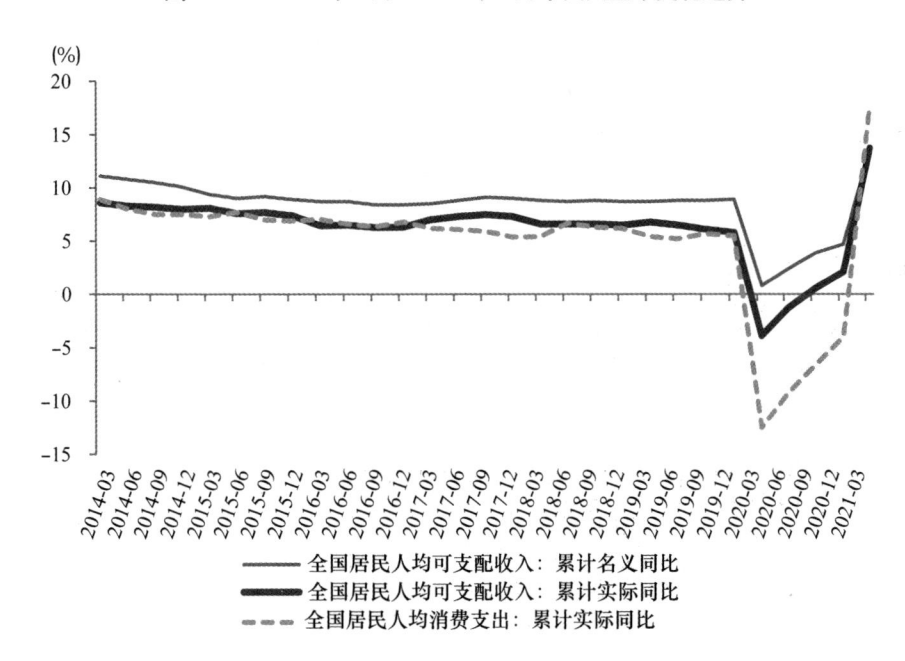

图例：城镇调查失业率　31个大城市城镇调查失业率　城镇新增就业人数：累计值：同比

图 2—11 2014 年 3 月—2021 年 3 月中国居民消费变化趋势

图例：全国居民人均可支配收入：累计名义同比　全国居民人均可支配收入：累计实际同比　全国居民人均消费支出：累计实际同比

府各项收入的提高,既有利于地方政府债务压力的化解,也进一步提高了财政政策空间和未来应对风险冲击的能力。

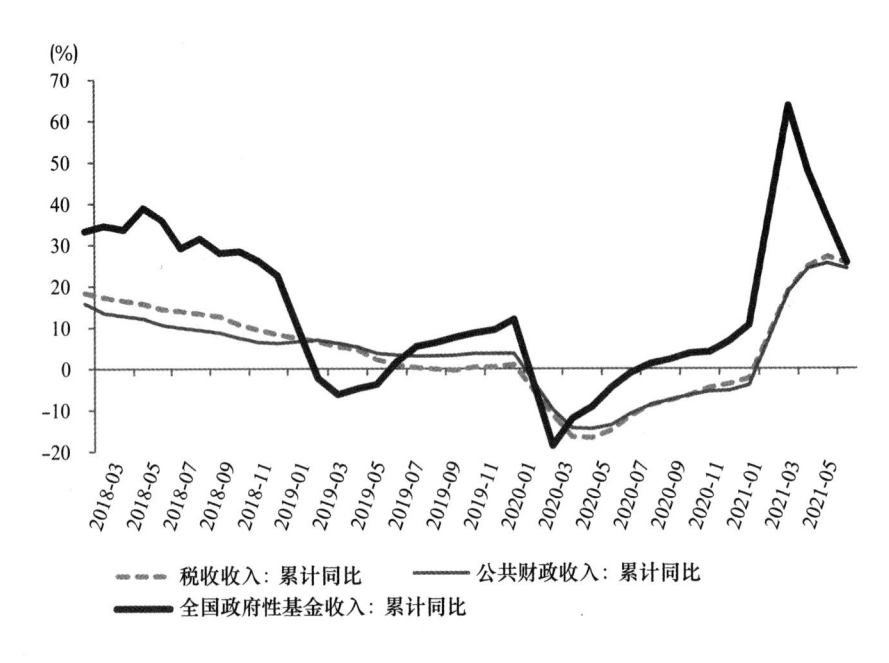

图 2—12　2018 年 3 月—2021 年 5 月财政收入和基金收入增长情况

六　宏观经济景气程度显著回升,市场预期明显改善

从先行指标来看,中国宏观经济持续运行在景气区间。根据OECD 综合领先指标,中国指标 2021 年 5 月达到 101.8,为近 10 年来的新高,连续 8 个月位于 100 以上;根据宏观经济景气指数先行指数,2021 年 3 月为 105.2,连续 11 个月位于 100 以上。可见,中国宏

观经济景气程度已实现显著回升。

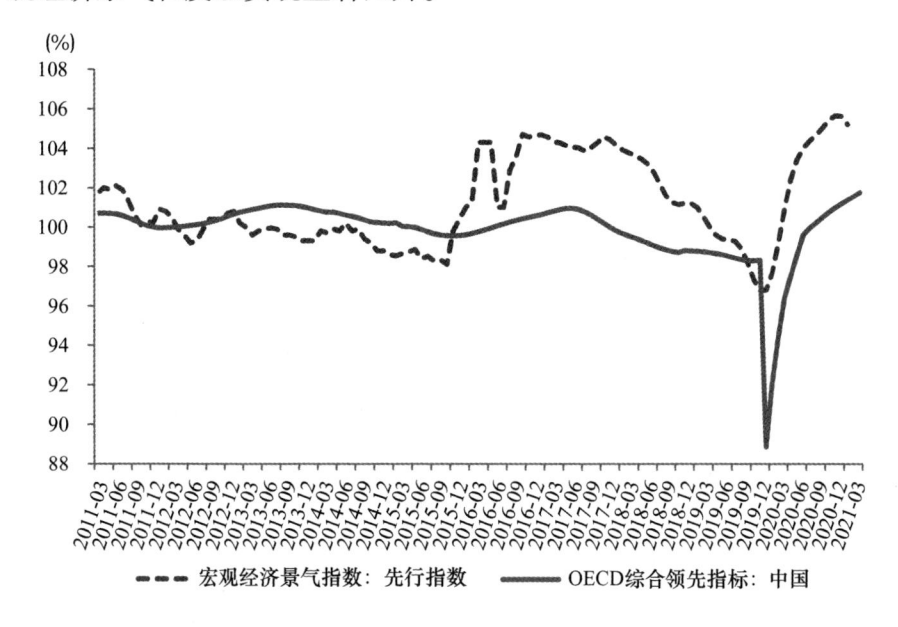

图 2—13 2011 年 3 月—2021 年 3 月中国领先指标走势

生产者经营活动预期持续改善。2021 年年初以来，无论是制造业生产经营活动预期，还是非制造业业务活动预期，都持续稳居 50% 的荣枯临界线以上。2021 年 5 月，制造业生产经营活动预期为 58.2%，服务业和建筑业业务活动预期分别为 62.4% 和 65.7%，表明企业信心和市场预期得到了有效恢复。

内需市场新订单持续处于扩张区间。2020 年 3 月以来，PMI（采购经理人指数）新订单指数持续位于 50% 的荣枯临界线之上，2021 年 5 月为 51.3%，比新出口订单指数高出 3 个百分点。在新出口订单回落至紧缩区间的同时，国内新订单需求持续扩张，表明内需市场活力进入了一个新阶段。

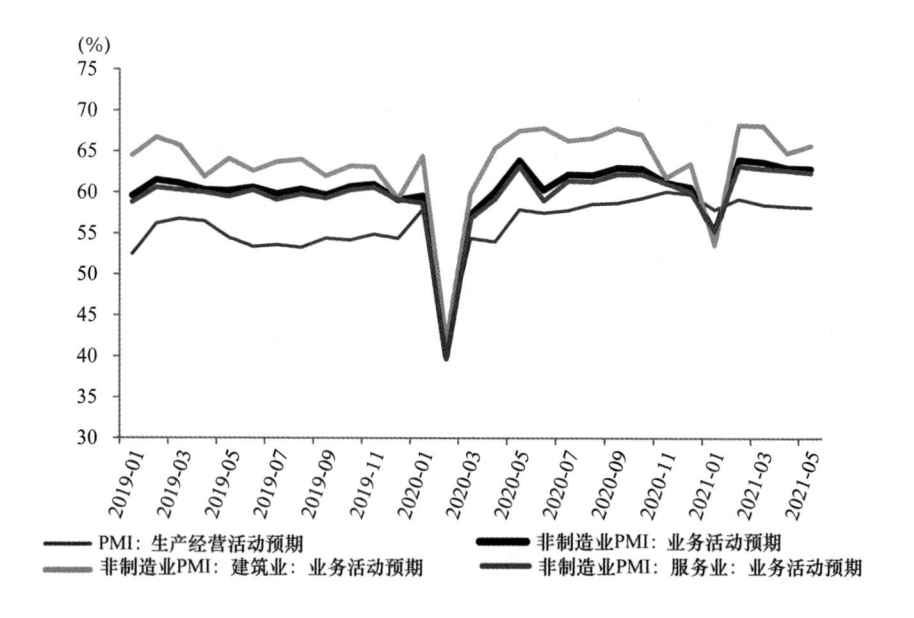

图 2—14　2019 年 1 月—2021 年 5 月中国企业经营活动变化趋势

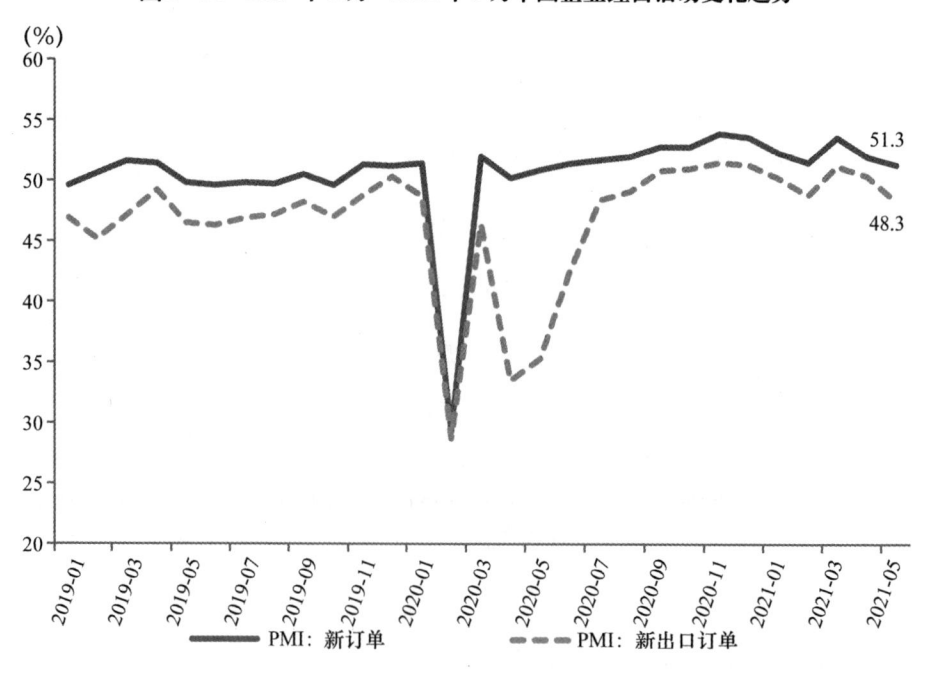

图 2—15　2019 年 1 月—2021 年 5 月 PMI 新订单指数变化趋势

人民币汇率持续升值。2021年5月，官方外汇储备为32218亿美元，比2019年年底增加1139亿美元，人民币兑美元汇率从2019年年底的6.98大幅升值至6.37。人民币汇率的持续升值反映了在中国经济基本面不断改善等因素的作用下，国际市场对人民币币值充满信心。

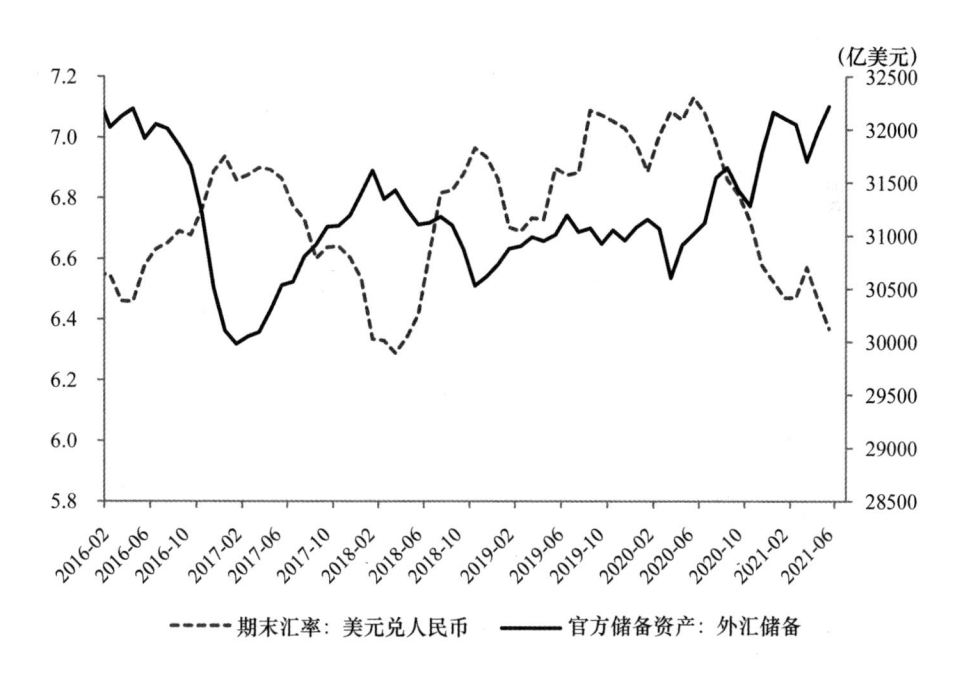

图2—16　2016年2月—2021年6月人民币汇率和官方外汇储备走势

股票市场指数温和上涨。截至2021年6月10日，上海证券综合指数、深圳证券综合指数、沪深300指数分别较2019年年底上涨18.4%、40.6%、28.7%；上海证券A股总市值提高28.5%，平均市盈率从14.3倍提高至16.3倍。非金融企业境内股票融资规模快速增长，2020年达到8923亿元，比2019年增长1.6倍，2021年第一季度达2467亿元，比2020年同期增长1.0倍。

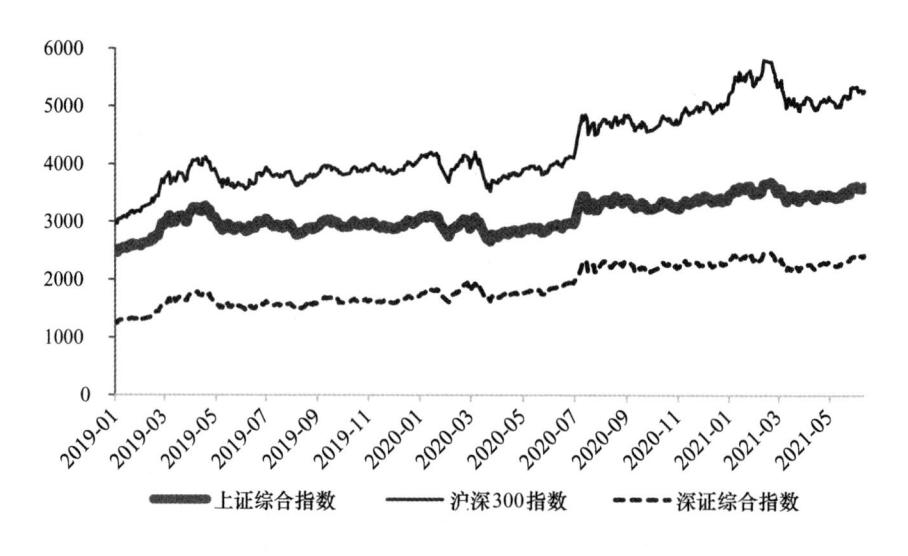

图2—17　2019年1月—2021年5月中国三大股指走势

总体来讲，2021年经济内生动力的增强决定了趋势性回归力量，叠加基数效应带来高同比增速和表面上"前高后低"、实际上"前低后高"的基本走势。

在供给面全面修复的背景下，随着需求端加速提升，国民经济循环畅通，经济增长的内生动力开始蓄积。按照新冠肺炎疫情前的增长趋势，2020—2021年的经济增速为5.5%—6.0%，由于新冠肺炎疫情的突然暴发，2020年实际GDP增速仅为2.3%，其中第一至第四季度同比增速分别为-6.8%、3.2%、4.9%、6.5%，且第四季度增速高于常态化增速。随着中国经济开启常态化进程，2021年第一至第四季度不变价GDP水平将回归新冠肺炎疫情前的长期趋势线,由此可以模拟推算年中实际GDP增速的基本走势。

具体而言,以2019年为基础,按照新冠肺炎疫情前的增长趋势,分三种情景估计2021年各季度实际GDP同比增速:(1)基准情景:假设2020—2021年的趋势性增速为5.5%,且2021年各季度平均增速从5.0%逐季回升至6.0%,则2021年第二至第四季度当季同比增速将分别为7.5%、6.5%、5.5%,上半年实际GDP增速为12.3%,全年实际GDP增速为8.8%;(2)乐观情景:假设2020—2021年趋势性经济增速为5.8%,且2021年各季度平均增速从5.0%逐季回升至6.5%,则2021年第二至第四季度当季同比增速分别为7.9%、7.1%、6.5%,上半年实际GDP增速为12.6%,全年实际GDP增速为9.4%;(3)悲观情景:假设2020—2021年的趋势性增速为5.3%,且2021年各季度平均增速从5.0%逐季回升至5.5%,则2021年第二至第四季度当季同比增速将分别为7.3%、5.9%、4.5%,上半年实际GDP增速为12.2%,全年实际GDP增速为8.3%。

三种情景模拟结果均表明,由于基数效应,2021年实际GDP增速将显著高于新冠肺炎疫情前的水平,并呈现"前高后低"的基本走势,同时在中国经济常态化的进程中,各季度的两年平均增速将处于"前低后高"的基本走势。这种复杂走势的政策含义在于,对上半年的高同比增速需要保持谨慎,对下半年的低同比增速需要保持定力。

从微观基础看,自2020年下半年至2021年上半年经济增速的大幅回升,保证了各类经济主体绩效的持续改善。随着企业恢复盈利、

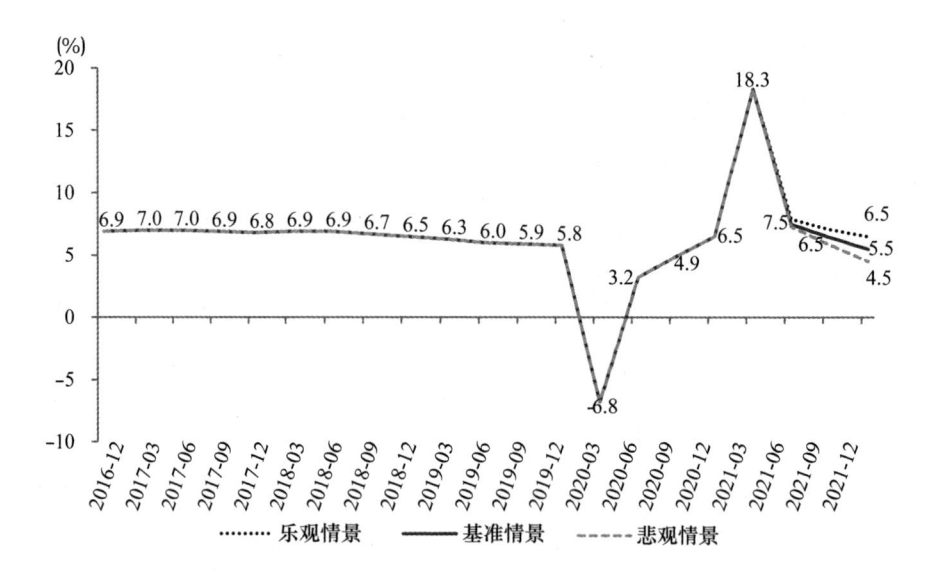

图 2—18　基数效应因素导致 2021 年中国实际 GDP 增长走势的模拟结果

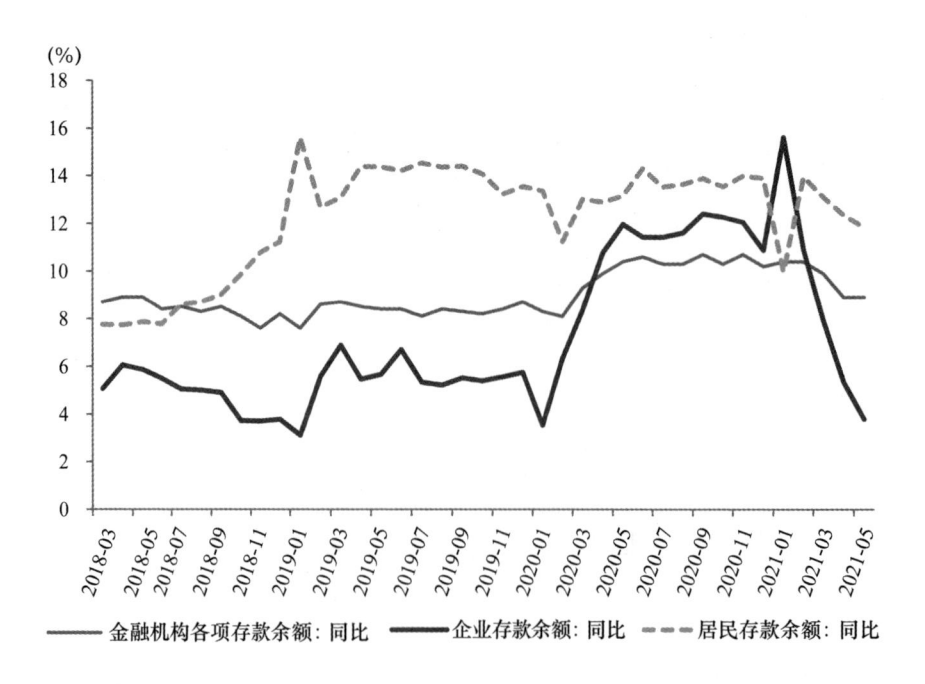

图 2—19　2018 年 3 月—2021 年 5 月各类存款余额同比增速变化情况

居民收入实现增长、财政收入获得支撑,国民经济循环的内生动力不断增强,支撑经济增长的动力从政策性力量转向自发性增长。因此,继 2020 年企业存款余额、居民存款余额增速跃升至历史高位形成"蓄势待发"之势,2021 年以来开始陆续投入使用,特别是企业存款余额增速出现较大幅度回落;同时,政府存款余额、机关团体存款余额同比增速逐渐回升,开始积累财政资源。

第三章

中国经济常态化进程中面临的内外部压力

2021年是"十四五"规划开局之年，是两个百年目标交汇与战略转换的关键之年。中国宏观经济能否完全实现常态化，依然面临一定的风险挑战。这不仅取决于政策常态化的路径和战略转换的方式，也取决于政策退出过程中的风险控制。当前经济复苏还没有完全达到常态化水平，经济复苏的核心力量依然需要来自宏观政策的支撑，且具有强烈的不均衡、不稳定、不确定的特点。在规模性政策的退出过程中，经济结构分化、冷热不均的情况可能会导致短板效应显化、局部风险上扬。

一　内需恢复仍不充分，供需结构仍不平衡，指标比例仍不协调，区域分化仍然明显，使得经济复苏动力边际上出现弱化势头，影响经济常态化进程

从中国宏观经济核心指标两年平均增速对比来看，供给面变量已

经基本实现常态化增长,出口维持高速增长,但消费和投资类内需变量增速依然较低,持续显著低于 GDP 增速,说明内需恢复仍不充分,供需结构仍不平衡。

表3—1　　　　　中国宏观经济核心指标增长对比　　　　　（%）

	2019 年	2021 年第一季度（两年复合）	2021 年 1—4 月（两年复合）	2021 年 1—5 月（两年复合）
名义 GDP 增速	7.3	7.1	—	—
实际 GDP 增速	6.0	5.0	—	—
第一产业增加值	3.1	2.3	—	—
农业（种植业）	—	3.4	—	—
第二产业增加值	4.9	6.0	—	—
工业增加值	5.7	6.8	7.0	7.0
制造业增加值	6.0	6.9	7.5	7.7
第三产业增加值	7.2	4.7	—	—
服务业生产指数	6.9	6.8	6.7	6.8
社会消费品零售总额	8.0 (6.0)	4.2 (2.2)	4.2 (2.3)	4.3 (2.4)
全国居民人均消费支出	8.6 (5.5)	3.9 (1.4)	—	—
固定资产投资总额	5.4	2.9	3.9	4.2
房地产开发投资	9.9	7.6	8.4	8.6
基础设施投资	3.8	2.3	2.4	2.6
制造业投资	3.1	-2.0	-0.4	0.6
民间投资	4.7	1.7	2.4	3.7
出口总额	5.0	10.7	11.7	11.2
进口总额	1.7	8.8	8.8	9.2
净出口	25.3	22.6	31.6	23.4

首先，消费复苏依然缓慢，反映了居民消费意愿不足。2021年第一季度，社会消费品零售总额同比增长33.9%，但相比2019年同期的两年平均增速仅为4.2%，扣除价格因素，实际平均增速仅为2.2%；2021年1—5月，消费名义和实际的两年平均增速分别为4.3%和2.4%，仍然显著低于2019年的水平，而且相比第一季度的回升节奏偏慢。从更宽口径看，2021年第一季度，全国居民人均消费支出同比增长17.60%，但相比2019年同期的两年平均增速仅为3.90%，扣除价格因素，两年实际平均增速仅为1.40%。这说明消费需求的恢复还远没有正常化。

其次，投资增速依然较低，而且高度依赖房地产投资的拉动。2021年第一季度，全国固定资产投资同比增长25.60%，但两年平均增速仅为2.90%；其中，房地产开发投资两年平均增长7.60%，制造业投资下降2.00%，民间投资增长1.70%，基础设施投资增长2.30%；1—5月，固定资产投资及各分项指标的两年平均增速均有一定的改善，但除了房地产投资外，总体及其他分项投资增速水平依然偏低，而且相比第一季度的改善节奏偏慢。这说明投资复苏的基础还不稳固，尤其是制造业投资和民间投资复苏还需要进一步巩固。

最后，内需复苏动力边际弱化，拖累经济常态化进程。从环比来看，4月、5月，消费环比分别增长0.25%、0.81%，投资环比分别增长0.93%、0.17%，不仅较不稳定，而且两者加总来看，整体上有边际弱化势头，恐加剧供需失衡的结构性压力，拖累总体经济增长。

从不同地区恢复情况看，全国各地普遍实现恢复性增长，特别是

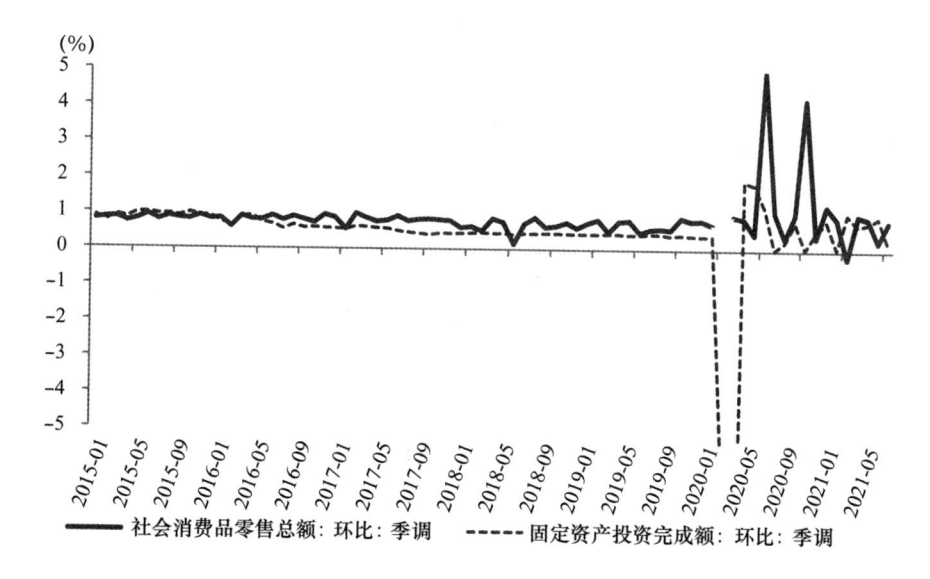

图 3—1　2015 年 1 月—2021 年 5 月中国消费和投资的环比增速

南方经济基本常态化，但北方经济稳增长压力仍比较大。从同比增长情况看，由于基数效应，2021 年第一季度各省（自治区、直辖市）增速均超过 12.00%，其中湖北达到 58.30%，其余各省（自治区、直辖市）则在 12.00%—20.00%。与 2019 年同期的两年平均增速相比较来看，有 19 个省份增速高于全国平均水平，其中，10 个省份经济增速在 6.00% 及以上，基本为南方省份；9 个省份经济增速在 5.00% 及以上；有 12 个省份经济增速低于全国平均水平，基本为北方省份；其中，湖北因新冠肺炎疫情冲击严重负增长 1.90%，上海、北京分别增长 4.70%、4.60%，其余 9 个北方省份经济增速在 1.50%—4.50%。

此外，不同类型和不同行业的企业绩效的改善情况也存在一定的分化。分经济类型看，1—4 月，规模以上工业企业中，国有控股企

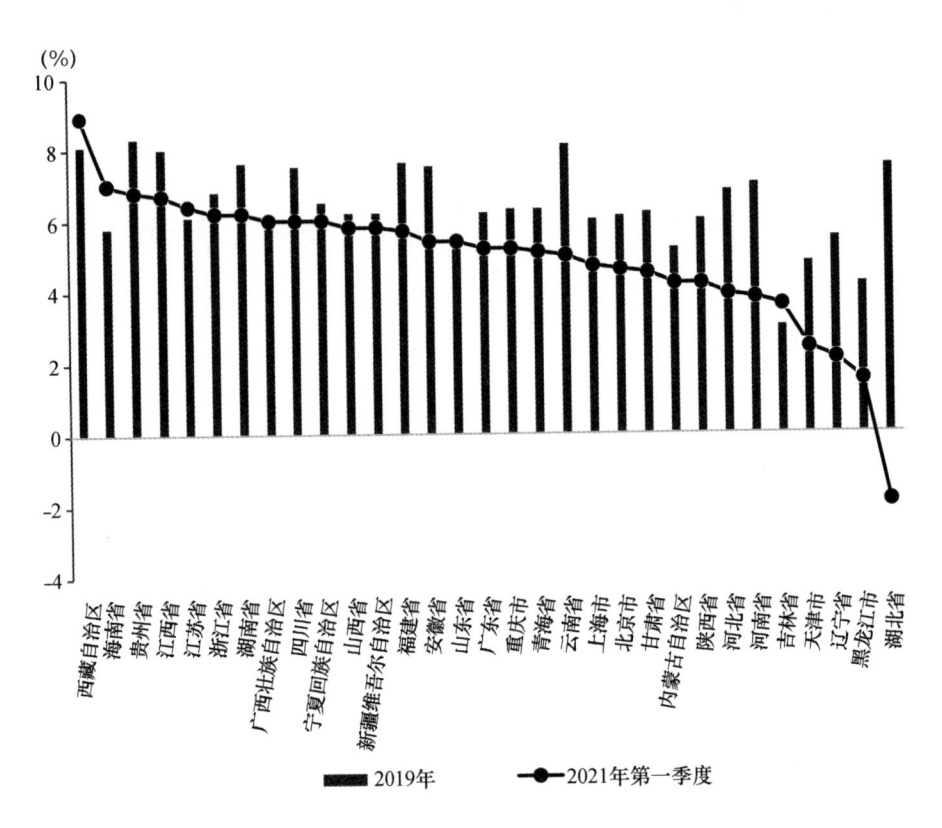

图 3—2　中国省（自治区、直辖市）区两年平均实际 GDP 增速

业利润总额同比增长 1.87 倍，股份制企业增长 1.08 倍，外商及港澳台商投资企业增长 1.07 倍，私营企业增长 69.20%。分产业看，采矿业增长 1.03 倍，制造业增长 1.14 倍，电力、热力、燃气及水生产和供应业增长 45.10%。

由于经济复苏不平衡、不充分、不协调的问题依然突出，经济增长动力呈现明显的边际放缓态势。2021 年第一季度，中国实际 GDP 两年平均增速为 5.00%，处于回归常态化增长轨道的关键期，但是环比增速已降为 0.60%（折年率仅为 2.40%），不仅相比 2020 年第三、第四季度 3.10%、3.20% 的环比增速回落幅度过大,而且也显著低于正常时期的环比增速(在 2013—2019 年,第一季度实际 GDP 环比增速均为 1.80% 左右)。

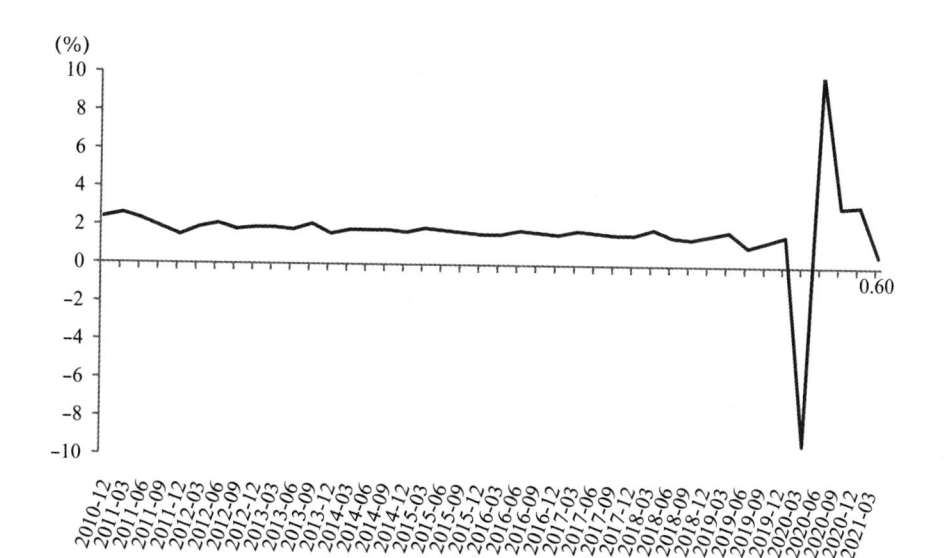

图 3—3　2010 年 12 月—2021 年 3 月实际 GDP 环比增速

经济复苏不协调的另一个表现是,与以往经济周期特别是峰谷较大的经济周期相比,本轮经济复苏中,由各组指标合成的宏观经济景气指数先行指数、一致指数、滞后指数走势分化而紊乱。一方面,从景气度来看,先行指数、滞后指数均不及一致指数,这与以往周期规律不同;另一方面,从变动方向看,滞后指数、先行指数渐次向下调整,而一致指数仍在冲高。本书认为,这主要反映了新冠肺炎疫情冲击后经济复苏在不同方面的不平衡、不协调所产生的差异,这也对认识和判断宏观经济走势造成了干扰。

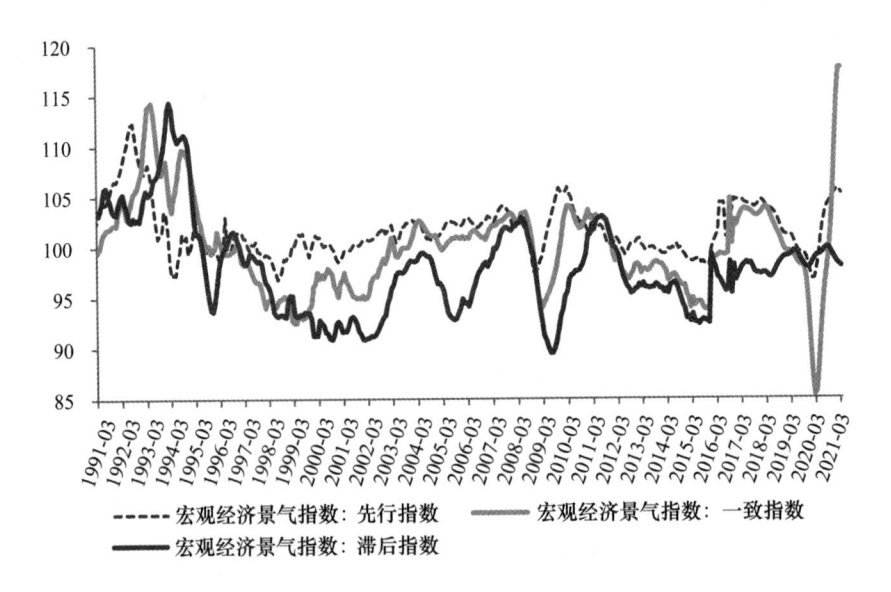

图3—4　1991年3月—2021年3月先行指数、一致指数、滞后指数走势

说明一致指数反映当前经济的基本走势，由工业生产、就业、社会需求（投资、消费、外贸）、社会收入（国家税收、企业利润、居民收入）4个方面合成；先行指数是由一组领先于一致指数的先行指标合成，用于对经济未来的走势进行预测；滞后指数是由落后于一致指数的滞后指标合成得到，用于对经济循环的峰与谷的一种确认。

二　国际大宗商品价格上涨，国内价格传导机制不畅，给宏观经济运行和货币政策实施带来严重干扰

2021年上半年，CPI涨幅企稳回升，但仍处历史低位，反映了需

求持续复苏但仍不及供给强劲；而在全球制造业回升、流动性泛滥、大宗商品出口国新冠肺炎疫情持续、低基数因素等诸多因素的共同作用下，国际大宗商品价格急速上涨，推动PPI涨幅较快上扬。从不同价格指数的涨幅对比来看，CPI与PPI的背离、生活资料PPI与生产资料PPI的背离，说明当前价格传导机制仍不顺畅，需求尤其是消费复苏还不充分，处于中下游行业的企业的成本分摊压力较大。

首先，总体来看，2021年5月，CPI同比上涨1.3%，1—5月累计同比上涨0.4%，核心CPI同比上涨0.9%，1—5月累计同比上涨0.3%，企稳回升、低位运行；PPI同比上涨9.0%，1—5月累计同比上涨4.4%，涨幅较大、涨势较快。

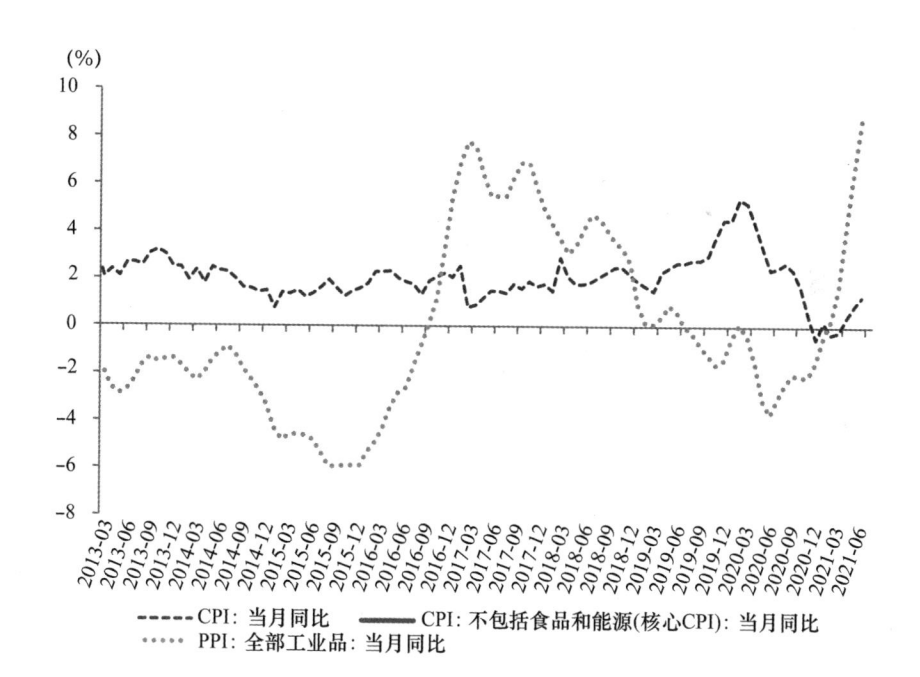

图3—5　2013年3月—2021年6月中国各类价格指数变化趋势

其次，具体来看，消费品和服务价格历经过去几年震荡调整后，走势再度趋于一致，目前均为温和上涨。消费品CPI同比涨幅从2021年1月的-0.1%回升至5月的1.6%；服务品CPI同比涨幅从1月的-0.7%持续回升至5月的0.9%，虽已走出下跌区间，但仍然处于历史较低水平，反映了需求不足的矛盾仍在。

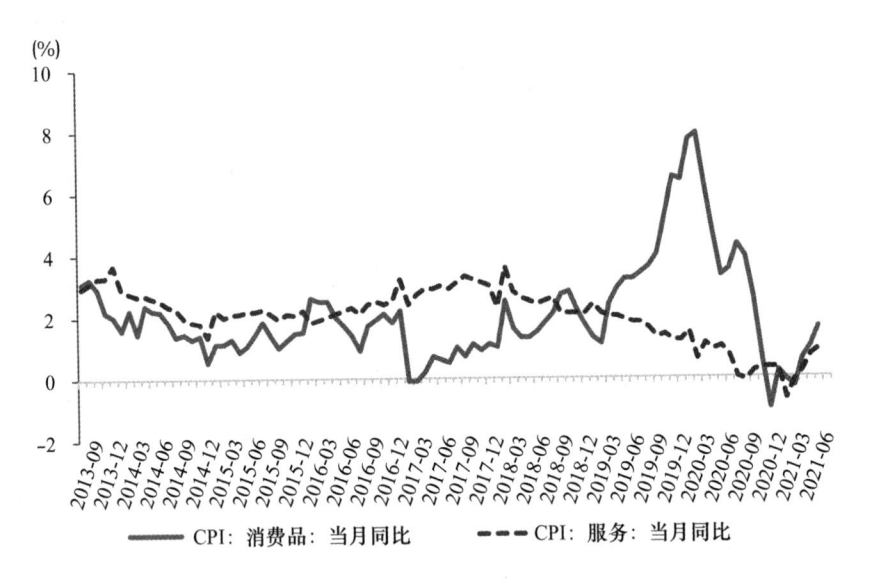

图3—6 2013年9月—2021年6月中国消费品和服务CPI涨幅情况

最后相比CPI涨幅的温和回升，生产资料价格急速上涨驱动PPI涨幅自2021年年初以来呈现急剧扩大的趋势。生产资料PPI同比涨幅从2021年1月的0.5%急速回升至5月的12.0%，带动PPI同比涨幅从0.3%快速回升至9.0%，而生活资料PPI涨幅仅从-0.2%小幅回升至0.5%，勉强走出通缩区间。

从PPI内部涨幅分化的情况看，本轮通货膨胀的形成主要是由外而

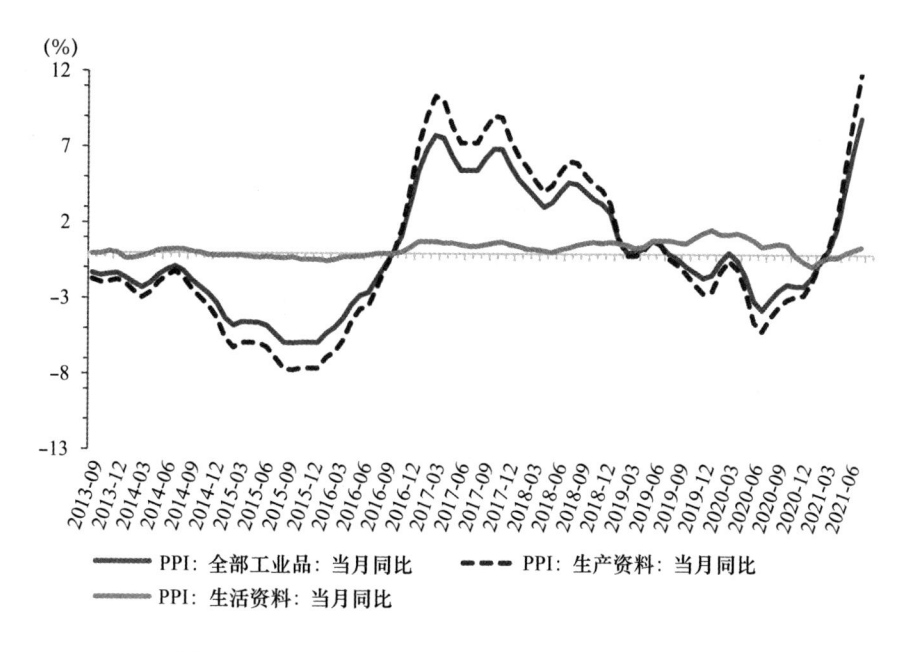

图 3—7　2013 年 9 月—2021 年 6 月中国 PPI 涨幅情况

内。当前不仅生产资料价格涨幅远大于生活资料，在生产资料内部也表现出采掘工业价格涨幅远大于原材料价格涨幅，原材料价格涨幅远大于加工工业涨幅的结构分化特点。简言之，上游、中游、下游价格涨幅依次递减、严重分化。同时，从原材料、燃料和动力工业生产者购进价格指数（PPIRM）看，燃料动力类、黑色金属材料类、有色金属材料类、化工原料类四类商品价格涨幅明显，而其他五类原材料价格则仅是温和上涨。

究其根源，全球制造业生产的回暖、欧美发达经济体特别是美联储维持流动性极度宽松、大宗商品出口国新冠肺炎疫情导致产能减少等因素，共同导致国际大宗商品价格指数出现了较大的涨幅。大宗商品综合价格指数从 2020 年 4 月的最低点 84.0，上涨到 2021 年 4 月的 144.4，上涨幅度达到了 71.9%。从典型的大宗商品价格上涨情况来

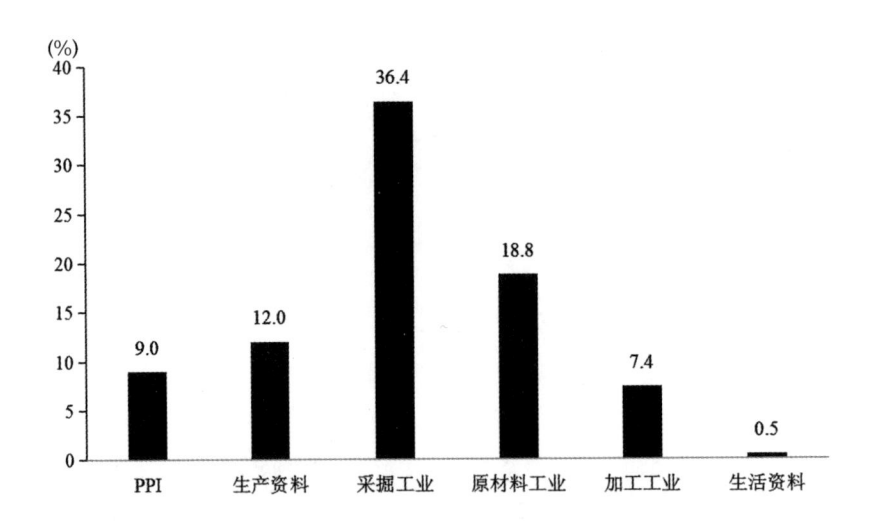

图3—8　2021年5月PPI上涨的驱动因素

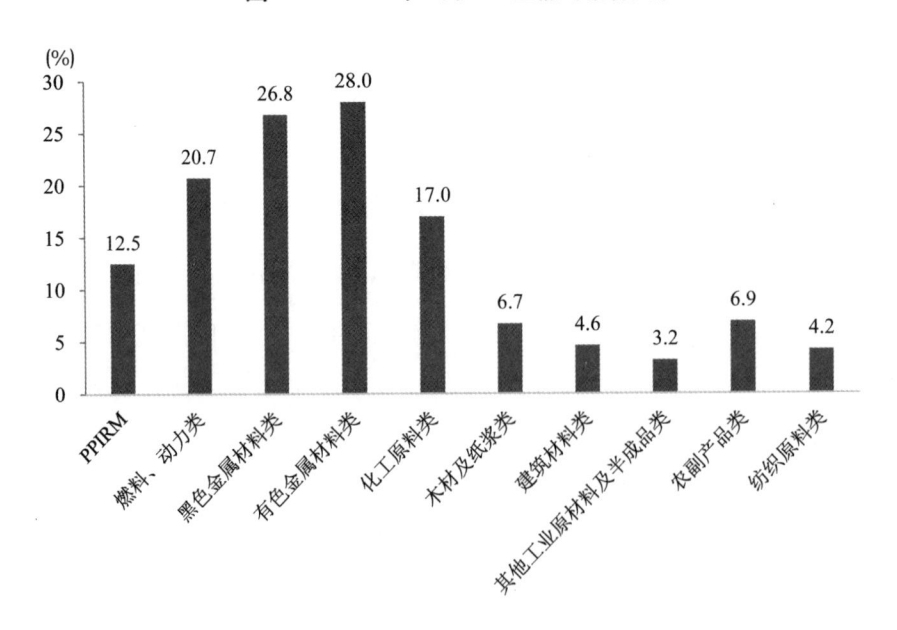

图3—9　2021年5月PPIRM上涨的驱动因素

看，2021年以来均出现了比较大的涨幅。截至2021年6月8日，国际市场上原油价格的涨幅达到40.0%左右，铜、铝价格涨幅分别为

28.5%和23.6%，铁矿石价格也上涨了14.1%。

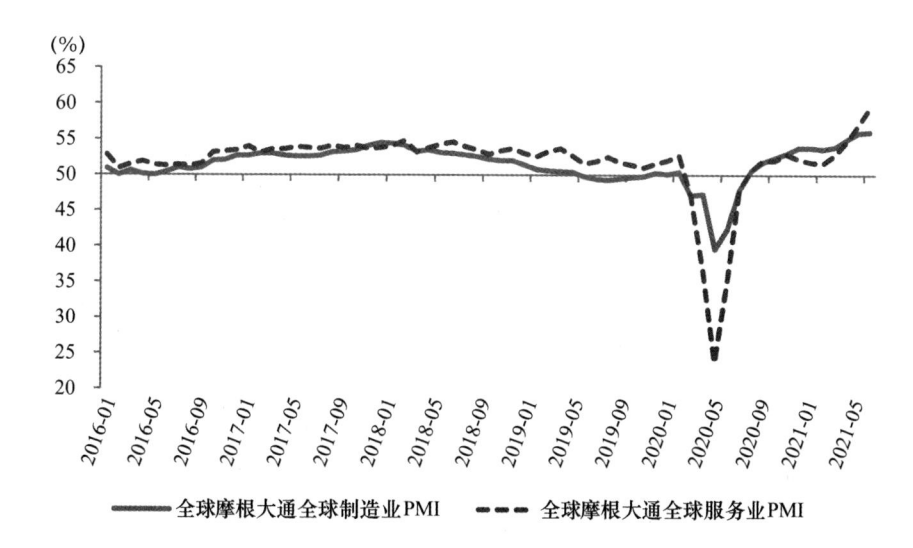

图3—10　2016年1月—2021年5月全球经济复苏下PMI变化趋势

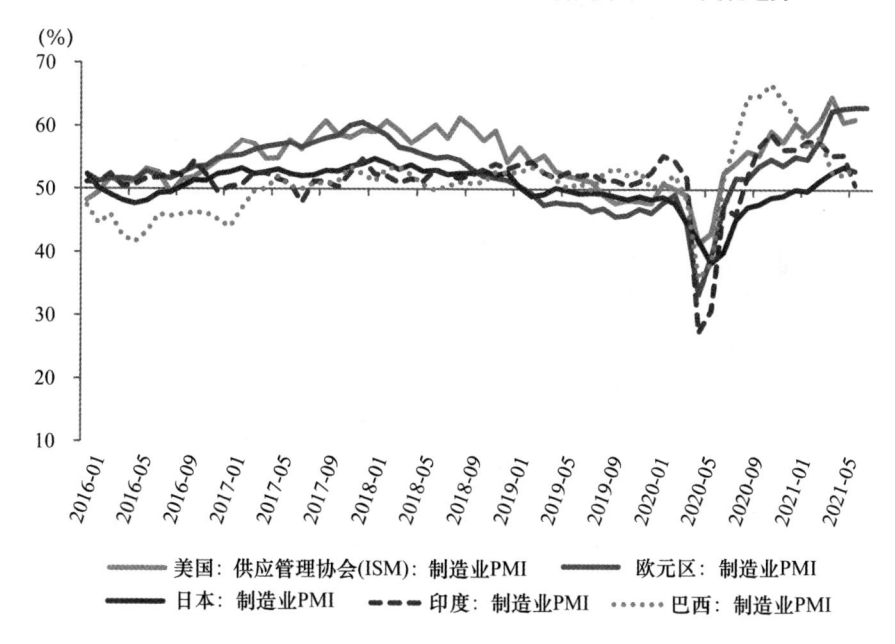

图3—11　2016年1月—2021年5月代表性经济体PMI变化趋势

图3—12　2007年1月—2021年1月所有大宗商品价格指数的变化（2016年1月=100）

资料来源：Federal Reserve Bank of St. Louis, Global Price Index of All Commodities, Index 2016 = 100, Monthly, Not Seasonally Adjusted.

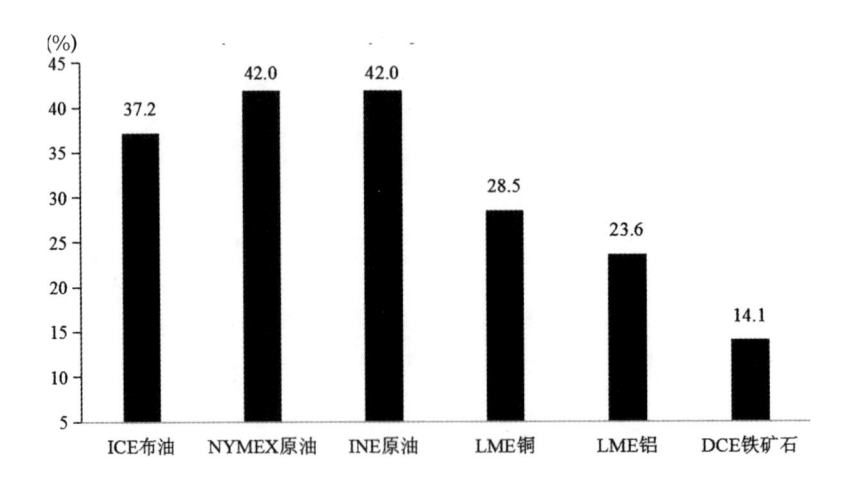

图3—13　2021年以来典型大宗商品价格的上涨幅度

三 趋势性消费需求不足成为扩大内需、畅通国内大循环的关键堵点

从中长期来看,近5年来,中国消费的实际同比增速呈现加速下滑趋势。2015年及以前的社会消费品零售总额实际增速在10.0%以上,2016年为9.6%,2017年为9.0%,2018年急剧下降至6.9%,2019年进一步下降为6.0%,其中2019年10—12月,当月同比实际增速已经下滑至4.9%、4.9%、4.5%。这说明早在新冠肺炎疫情暴发之前,消费走低的问题已经较为严重,从原来高于实际GDP增速转变为低于实际GDP增速,严重偏离了"需求牵引供给、供给创造需求"的动态平衡。2020年消费需求更是遭遇严重打击,社会消费品零售总额实际同比负增长5.2%,最终消费支出拉动GDP下降0.51个百分点。2021年以来实际消费的两年平均增速看似低位徘徊,但已接近2019年第四季度水平。

当前扩大内需的关键在于如何从趋势上扩大消费,即提升中期消费潜力,但这又涉及三个难点,即居民消费信心不足、消费结构扭曲和收入分配恶化。

首先是居民消费信心不足。居民消费信心不足既来源于现阶段就业压力和收入增速下滑,也来源于对未来收入预期的持续性走低。根据央行的城镇储户问卷调查显示,近年来居民的未来收入信心指数呈下降趋势,新冠肺炎疫情冲击下进一步跌至历史性低位,截至2021年第一季度也仅恢复至51.0%,总体处于历史较低水平,甚至较

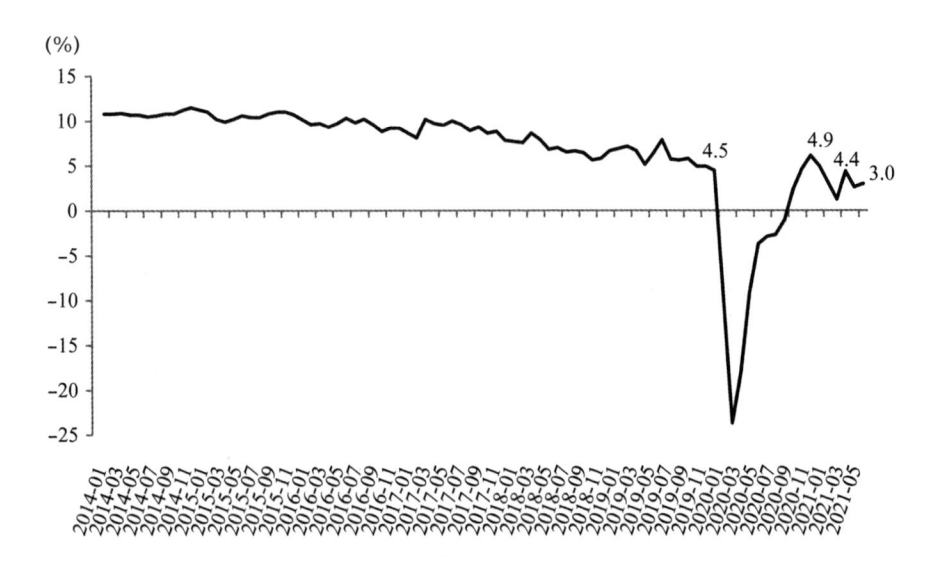

图3—14 2014年1月—2021年5月社会消费品零售总额实际同比增速

注：2021年各月为两年平均增速。

2020年第四季度下降0.2个百分点。在新冠肺炎疫情影响下，城镇失业率偏高、农民工就业负增长、居民就业质量和实际有效工作时间下降、收入增速显著低于往年，这些冲击都使得居民对未来收入产生悲观预期，收入信心低迷必然加剧居民消费的保守化倾向，影响国内经济大循环。

其次是居民消费结构扭曲。2021年第一季度，在全国居民人均消费支出构成中，食品和烟酒占据33.2%，居住占据22.5%，这意味着只有44.3%的支出用于其他六大方面的消费，再扣除教育、医疗、养老等负担，居民能够用于扩大消费和消费升级的空间受到极大制约。就中国目前发展阶段而言，居住类消费占比过大及其刚性增长，对其他消费形成了严重的挤出效应。

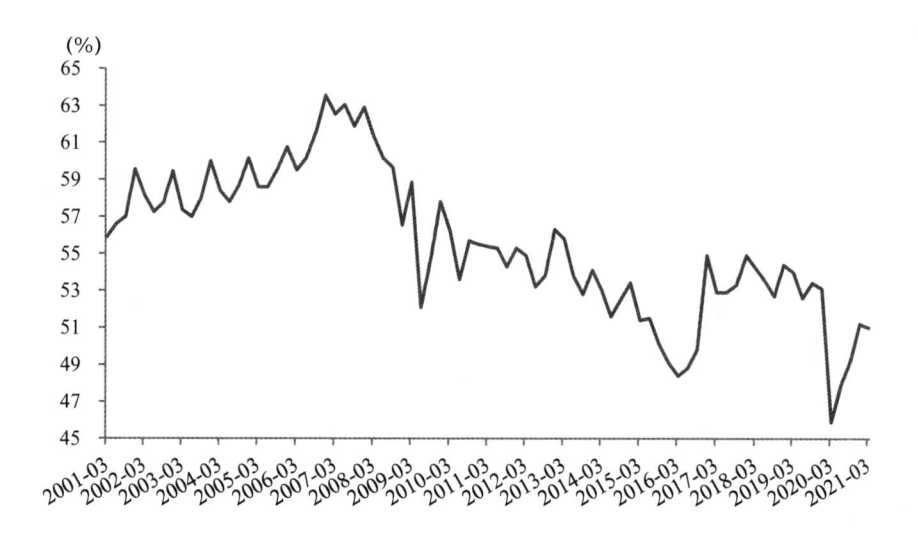

图 3—15　2001 年 3 月—2021 年 3 月居民未来收入信心指数变化趋势

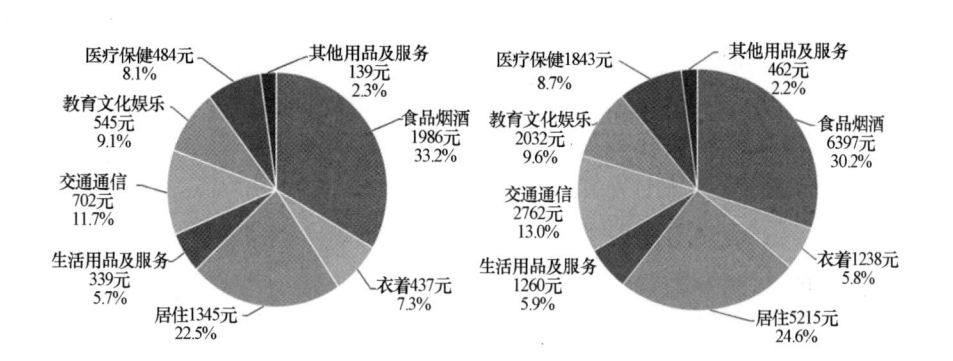

图 3—16　2021 年第一季度（左图）及 2020 年（右图）全国居民消费支出结构

最后是居民收入分配恶化。近 20 年来，全国居民收入基尼系数长期位于 0.45—0.5 的高位，2019 年仍为 0.465，累积形成的财富差距更为明显，使得居民消费意愿和消费能力越发不足。2020 年以来在新冠肺炎疫情的冲击下，居民收入分配进一步恶化。按全国居民五等份收入分组，除了低收入组在脱贫攻坚、精准扶贫政策的支撑下，居民收入增速较高外，其他四组呈现"收入水平越低、收入增速越低"的情况，这表明收入分配总体出现了恶化。2021年第一季度，全国居民人均可支配收入比上年同期名义增长13.7%，两年平均增长7.0%，扣除价格因素，两年平均实际增长4.5%，低于实际GDP增速0.5个百分点。

因此，值得高度关注的是消费的回升潜力是否出现了"永久性下滑"，这对于经济增长和加快构建以国内大循环为主体的"双循环"新发展格局非常关键。新冠肺炎疫情冲击造成的社会心理变化、就业压力和收入预期下降，使得消费需求持续面临严峻挑战。从刺激消费增长的潜力看，居民消费支出不及收入增长，意味着居民储蓄不降反增，客观上有利于避免家庭资产负债表恶化风险，提升未来消费潜力。然而，要想激发消费潜力，既需要持续改善居民收入，也需要提高居民对未来收入的信心。

四 制造业投资增速与增加值增速严重背离，中长期预期有待改善

尽管制造业增加值的两年平均增速已经远超新冠肺炎疫情前的水平，2021年第一季度达到6.9%，1—5月达到7.7%，但是制造业投资的两年平均增速却持续低迷，2021年第一季度为负增长2.0%，1—5月仅为0.6%。这表明制造业企业对于中长期盈利预期和未来的市场信心不足。其中的原因之一在于，趋势性消费需求不足严重制约

投资需求的扩张。投资在短期内是需求，在中长期又会形成新的供给能力。随着消费需求持续走低，投资增速也面临较大下行压力，而且出现结构恶化。

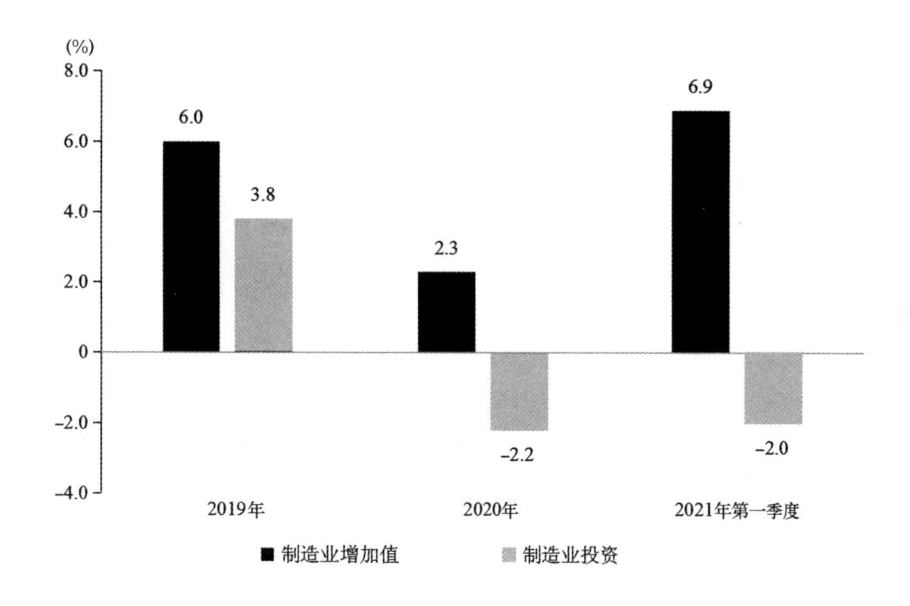

图3—17　制造业增加值增速与投资增速情况

从固定资产投资的三大构成看，设备工器具购置投资持续低迷。2021年1—5月，建筑安装工程投资同比增长19.9%，其他费用投资增长12.4%，但是设备工器具购置投资同比减少0.5%；进一步考虑基数效应，相比2019年同期水平，建筑安装工程和其他费用分别增长11.5%、18.2%，但是设备工器具购置投资则大幅减少18.1%。设备工器具购置投资的水平没有正常化，表明企业投资的信心恢复得还不充分，中期预期还比较低迷。

因此，如何激发市场主体的积极性和活跃程度，走出总体信心不足的局面，依然是下阶段政策调整和制度改革的一个重点。

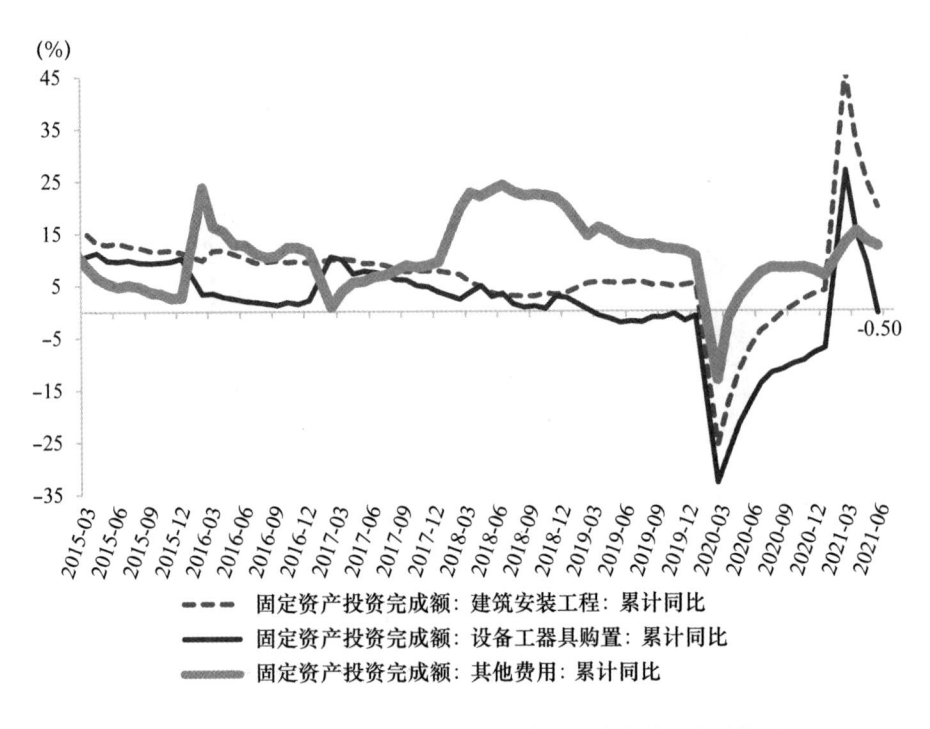

图3—18 2015年3月—2021年6月中国投资复苏的基础情况

就短期而言，当前投资增长所依赖的两大核心力量房地产投资和基建投资，也面临政策调整带来的下行压力，亟须其他领域的投资加快跟进。首先，在坚持"房住不炒"的基本定位下，特别是房地产融资"三条红线"新规实施后，房地产投资的可持续性存疑。短期内最大的不确定性在于房地产开发资金来源不足，在"三条红线"融资新规约束下，房地产开发贷款增速持续较快下滑，各项应付款同比增速大幅提升，反映了资金周转风险，部分前期业务扩张激进的房企出现严重违约，资金链断裂的风险上扬。2021年以来，房屋新开工面积和土地购置面积走势弱化，可能预示着未来房地产投资下行。同时，随着2021年专项债发行规模的收窄，基建投资的增长动力也存在较大不确定性。2020年在专项债大幅扩容的背景下，基建投资进度尚比较缓慢，持续低于总体投资增速，2021年基建投资的逆周期调节作用预期进一步减弱。

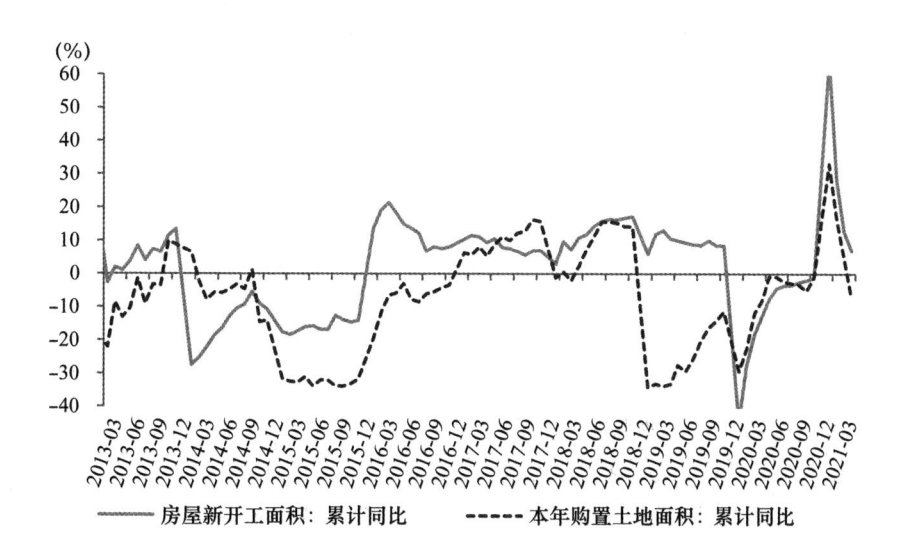

图3—19　2013年3月—2021年3月房地产投资先行指标变化趋势

五　企业出现库存积压、资金周转困难等问题，信用市场风险释放

由于内需迟迟没有常态化，尽管企业绩效出现明显改善，但企业经营压力和资金周转压力不减。2021年4月末，工业企业存货同比增长10.2%，其中，产成品存货在2020年同期较高基数的情况下同比增长8.2%，较2020年下半年明显提高，说明企业库存积压问题值得关注。同时，规模以上工业企业应收账款达16.88万亿元，同比增长16.0%，处于近年来的较高水平，表明企业间资金周转较为紧张。

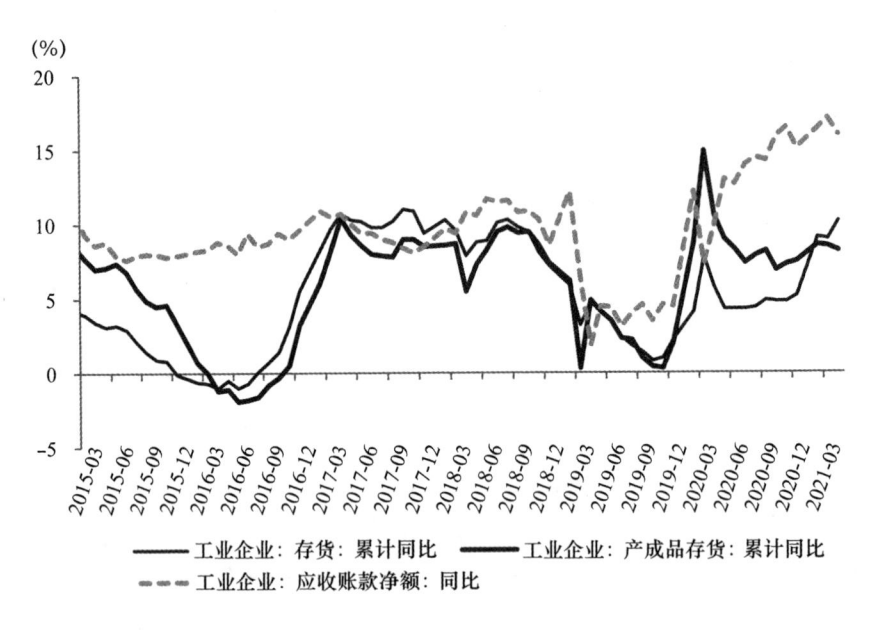

图3—20　2015年3月—2021年3月中国工业企业面临库存积压和资金周转情况

从更一般的视野看，虽然新冠肺炎疫情后经济逐步修复，但经济结构分化特征明显，部分微小企业生产经营仍面临一定的压力，叠加信用环境整体不及2020年宽松，市场信用风险加快释放，违约规模同比增加。据中诚信国际信用评级有限公司统计，2021年1—5月共有94支债券发生违约，规模共计1136亿元，同比增加95%，其中约

第三章 中国经济常态化进程中面临的内外部压力 | 51

半数违约规模来源于"海航系"主体,受"海航系"破产重整影响,相关主体存续债券集中提前到期,大幅推升违约规模。从违约发行人来看,2021年1—5月违约发行人共计35家,其中首次违约发行人14家,同比增加2家,其中"海航系"企业有10家。从新增违约发行人行业及区域特点来看,受海航集团旗下多家企业大规模违约影响,新增违约发行人地域主要分布于海南省,行业多集中于交通运输行业,另有1家为海航集团旗下金融控股集团,其他违约主体分别为位于重庆市、河北省的房地产行业,湖北省的医药行业及重庆市的装备制造业。总体来看,2021年以来债市信用风险较2020年有所抬升。

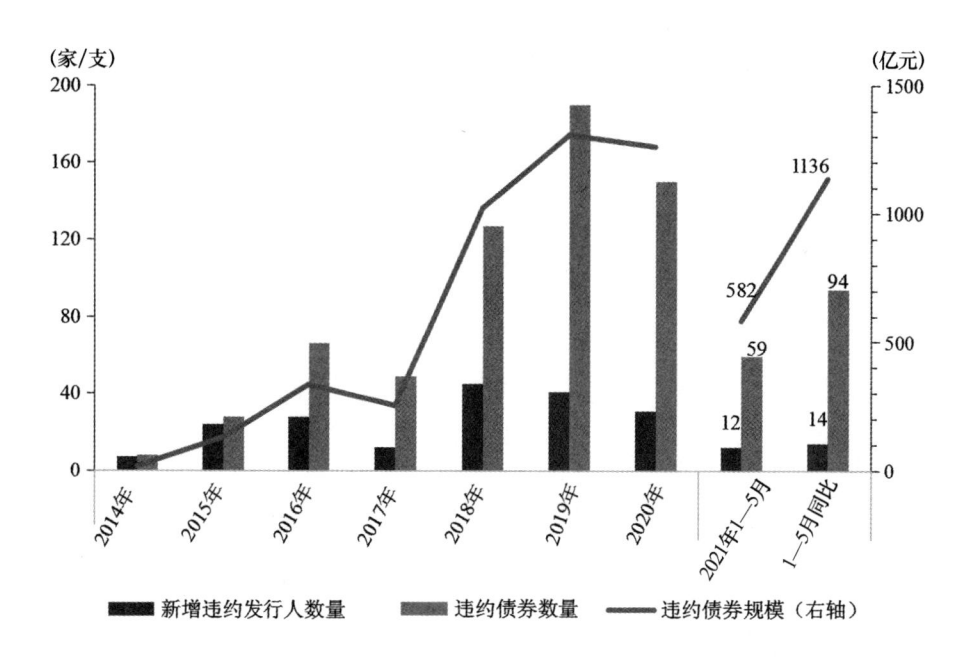

图3—21 2014年以来中国债券市场违约情况

六　虽然就业压力持续减轻，但敏感群体受冲击依然较大

在总需求不足的情况下，脆弱群体的就业压力依然较大。相比总体失业率下降和就业状态的改善，大学生和农民工群体就业压力相对较大。

2021年高校毕业生规模达到909万人，同比增加35万人，创历史新高，随着高校毕业生集中进入劳动力市场，大学生群体就业承压，就业压力显著上升。2021年5月，25—59岁人口调查失业率为4.4%，较上月降低0.2个百分点，但16—24岁人口调查失业率高达13.8%，较上月进一步提高0.2个百分点，分化更加明显。正因如此，31个大城市城镇调查失业率为5.2%，反而比全国平均水平高0.2个百分点。

同时，农民工群体就业和收入受新冠肺炎疫情冲击的影响也明显较大。2020年农村外出务工人数同比减少2.7%，农村外出务工月均收入同比增长2.8%，两方面因素合计，农民工群体外出务工总收入与2019年基本持平，低于全国居民收入增长；2021年第一季度，农村外出务工人数依然比2019年同期减少1.4%，农村外出务工月均收入比2019年同期增长4.9%，两方面因素合计，农民工群体外出务工总收入比2019年同期增长3.4%，两年平均增速仅为1.7%，仍低于全国居民收入增速。考虑到中国约2.9亿农民工总量和其中1.7亿的外出农民工，农民工群体的就业和收入下滑，中短期内可能产生重大影响。

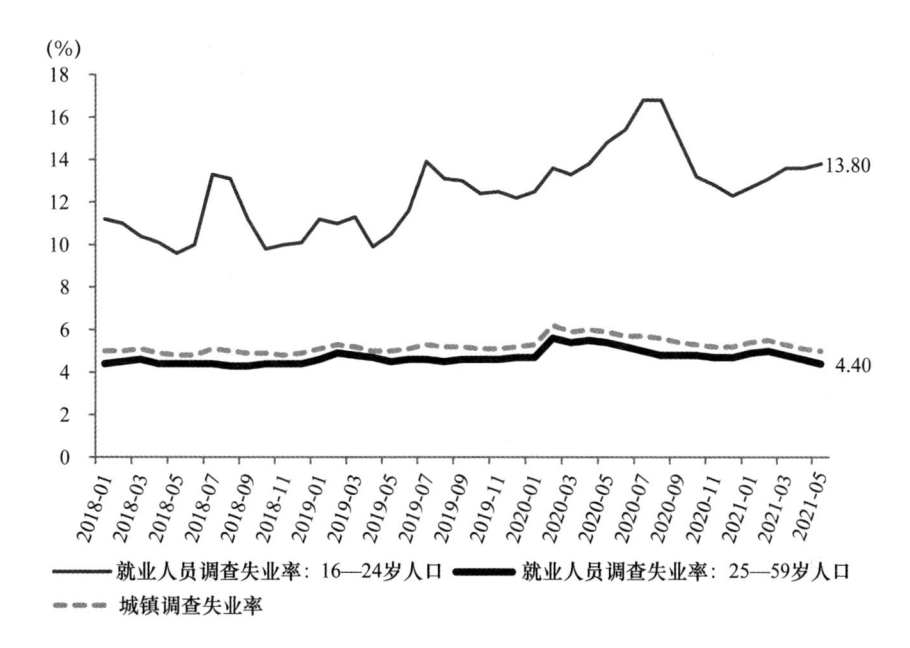

图3—22 2018年1月—2021年5月中国不同年龄群体失业率走势分化

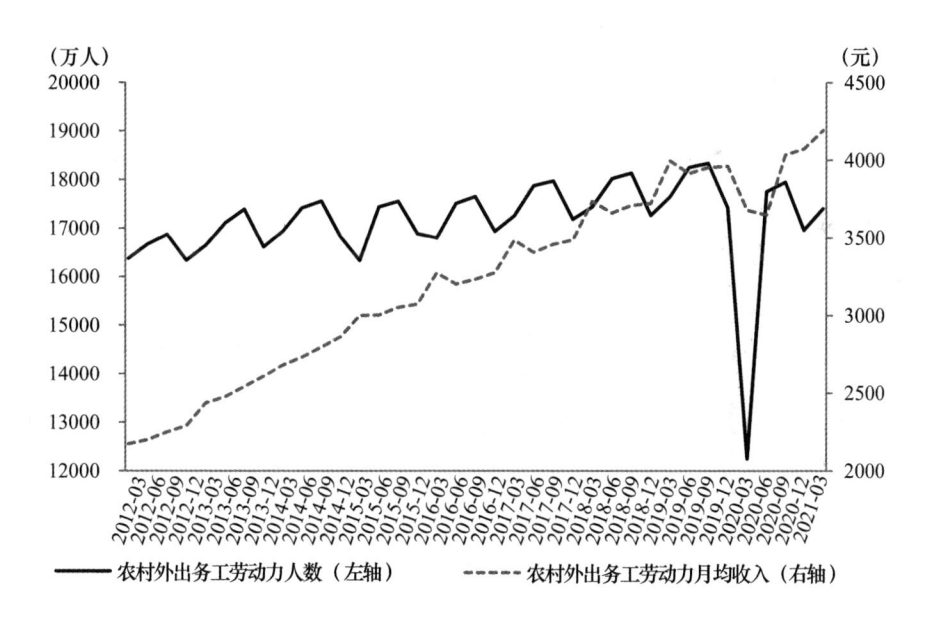

图3—23 2012年3月—2021年3月中国外出农民工人数和月均收入变化趋势

可见，就业不充分、就业质量不高甚至隐形失业等问题，仍需要一段时期的消化。这主要是由于劳动密集型产业受新冠肺炎疫情影响的持续期较长，使得失业率与总体经济增长的稳定关系受到破坏，实际失业风险大于 GDP 增长所揭示的水平。例如，从私营企业和个体户就业的行业分布特征看，批发和零售业、住宿和餐饮业、租赁和商务服务业 2019 年的就业规模分别约为 15700 万人、3200 万人、3300 万人，目前这几大行业仍然没有完全恢复到新冠肺炎疫情前的水平。

综上，尽管中国经济常态化进程已经开启，但相比完全常态化，需求侧复苏仍滞后于供给侧，内需复苏仍滞后于出口复苏，消费复苏仍滞后于投资复苏，服务业复苏仍滞后于工业复苏，相关方面压力依然较大，局部增长动力出现边际放缓态势。因此，对中国经济形势和政策的把握，需要在乐观中转变视角。首先，虽然由于低基数效应，宏观经济各类同比参数全面走高，但微观主体对经济运行的直接感受与宏观数据的表现发生严重的背离，社会不同阶层对宏观经济形势的认识也将出现强劲分化。预期分化和经济主体对于经济困难忍受程度的下降是 2021 年宏观经济运行面临的新情况。新冠肺炎疫情影响的异质性及新冠肺炎疫情后恢复的不同步导致经济内部结构分化严重，短板效应显化可能触及底线。

其次，不同于经济系统内的危机，新冠肺炎疫情冲击对特定经济活动和脆弱群体的冲击更为剧烈和持久，导致在政策退出的过程中，局部风险反而加速暴露。（1）在恢复过程中，由于受到不同程度的影响，部分行业仍未回归长期趋势线。（2）相比规模以上企业，中小企业经营压力和脆弱性更大。无论是在新冠肺炎疫情期间还是在经济恢复过程中，规模以上企业增加值增速均明显高于总体增速，说明规模以下企业压力更大。(3) 在出口总体恢复增长中，不同大类产品出口出现明显分化，意味着在总体出口增长中，仍有部分行业承受着比往年更为严重的压力。(4) 由于经济结构的差异，区域层面的经济分化及其信用条件分化较为明显。存量债务风险相对较重地区，债务限额及发行规模都相对较少。(5) 不同群体就业和收入受到不同程度的影响。中低收入群体和农民工所在行业和企业类型受疫情冲击较大，就业压力仍大、收入损失更多，因此也相对更为脆弱。

七　从外部环境看，新冠肺炎疫苗研制的成功及其在全球范围内不平衡的分配使用，使全球新冠肺炎疫情形势在总体向好中局部恶化，世界经济在稳步复苏中出现明显分化。2021年的外部积极因素和制约因素同时增多，从而变得更加复杂

2021年世界经济增长预期反弹。年初以来，不同国际组织对2021年全球经济增长预测普遍上调，显示全球经济增长前景变好，但改善幅度和复苏节奏存在非同步性，总体预测区间在5.4%—6.0%。其中，国际货币基金组织（IMF）在4月的预测最为乐观。根据IMF报告，2021年世界经济有望实现6%的正增长，这意味着2021年全球实际GDP规模将比2019年水平增长2.5%；其中，发达经济体继2020年负增长4.7%，2021年有望实现5.1%的正增长，实

际GDP规模与2019年水平相当；新兴市场与发展中经济体继2020年负增长2.2%，2021年有望实现6.7%的正增长，实际GDP规模将比2019年水平增长4.4%。但是，新冠肺炎疫情仍存在重大不确定性，特别是印度等国家新冠肺炎疫情及"封锁"措施升级，2021年实际增速大概率会低于上述预期。

表3—2　　　　　重要国际组织对中国及全球2021年增长预测

	预测时间	全球增速	中国增速
世界银行	6月8日	5.6%	8.5%
联合国	5月11日	5.4%	8.2%
国际货币基金组织	4月6日	6.0%	8.4%
经济合作与发展组织	3月9日	5.6%	7.8%

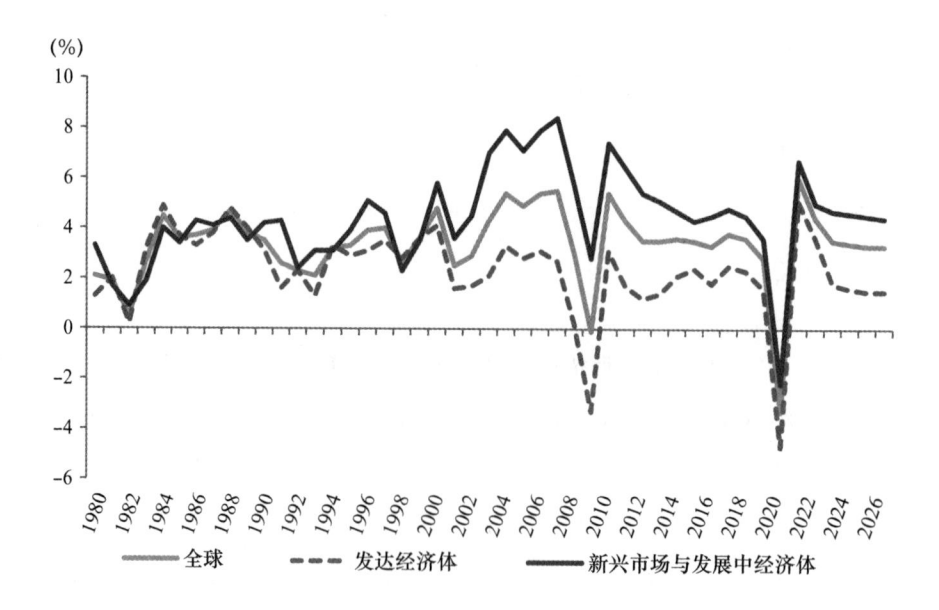

图3—24　2021年全球经济增长预期反弹

世界不确定性和全球经济政策不确定性总体下降。近几年的中美经贸摩擦、2020 年的新冠肺炎疫情冲击,使得世界不确定性指数创历史纪录,在 2019 年第四季度、2020 年第一季度分别达到 52716、55685 的峰值,但随着中美关系的缓和以及新冠肺炎疫情的明显好转,世界不确定性快速下降,截至 2021 年第一季度,世界不确定性指数已大幅度下降至 11889。当然,由于新冠肺炎疫情发展仍存在较大不确定性、中美经贸关系也仍存在新的变数以及巴以冲突等地域政治的复杂性,2021 年下半年,全球不确定性指数可能会再攀高峰。

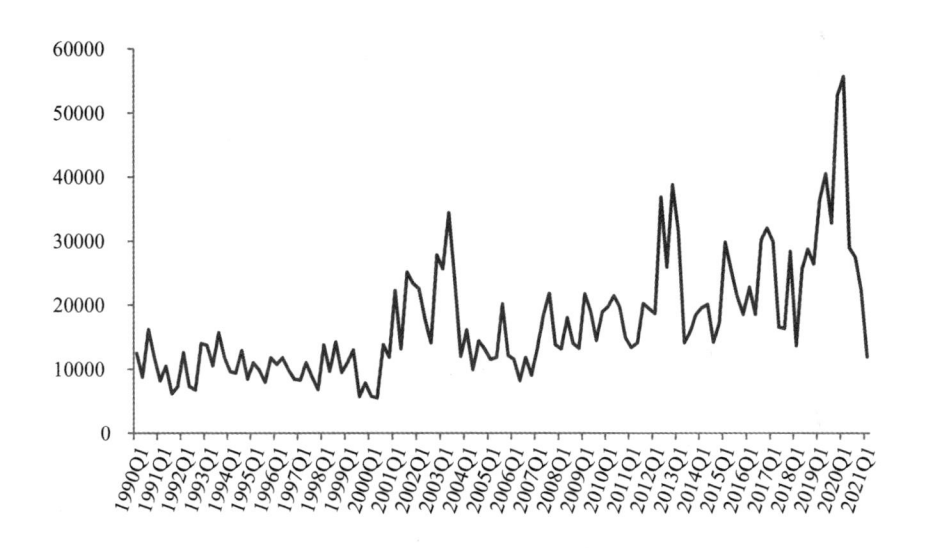

图3—25 世界不确定性指数(1990Q1—2021Q1)

资料来源:Ahir H., Bloom N., and Furceri D., "The World Uncertainty Index", *Social Science Electronic Publishing.*

全球经济政策不确定性下降,但仍处于历史高位。从政策的不确定性来看,2021 年全球经济政策不确定性指数有所下降,从 2020 年

5月的峰值430降至2021年5月的189。不过，相比其100的平均值，全球经济政策不确定性指数仍处于历史高位。中美经贸摩擦也导致中美经济政策面临较大的不确定性，政策不确定性指数均处于相对比较高的位置。

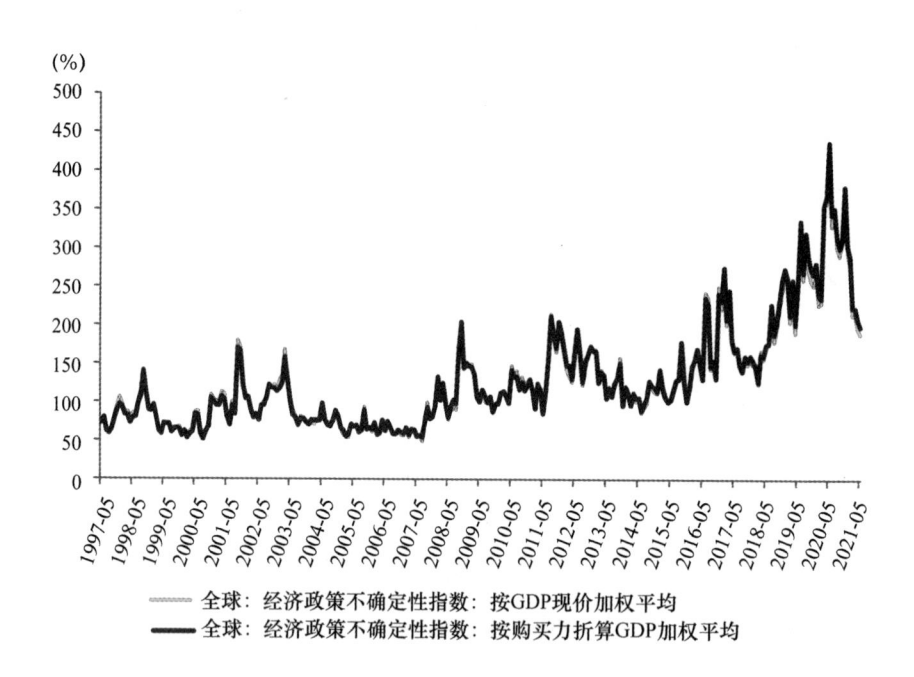

图3—26　1997年5月—2021年5月全球经济政策的不确定性指数变化趋势

但是，大规模财政救助与刺激政策使得全球政府债务风险上升，政策空间收窄。2020年新冠肺炎疫情暴发对全球经济产生了重大负面冲击，世界各国纷纷出台了超大规模的对冲性宏观政策，体现了"大冲击、大应对"的特点。从政府债务存量来看，2020年新冠肺炎疫情带来的财政援助和刺激政策，使得发达经济体的政府债务/GDP

比例、新兴经济体的政府债务/GDP比例双双创下了历史新高。根据IMF的估计，2020年发达经济体政府债务/GDP达到120.1%，较2019年大幅提高16.3个百分点，2021年预计将小幅提升2.4个百分点，达到122.5%；新兴市场经济体2020年政府债务/GDP达到63.3%，较2019年大幅提高9.2个百分点，2021年预计将小幅提升0.7个百分点，达到64.0%。实际上，这一方面意味着全球政府债务风险上扬，尤其是脆弱经济体和外债比例较高的经济体，另一方面也意味着财政政策进一步大幅扩张的空间有限。

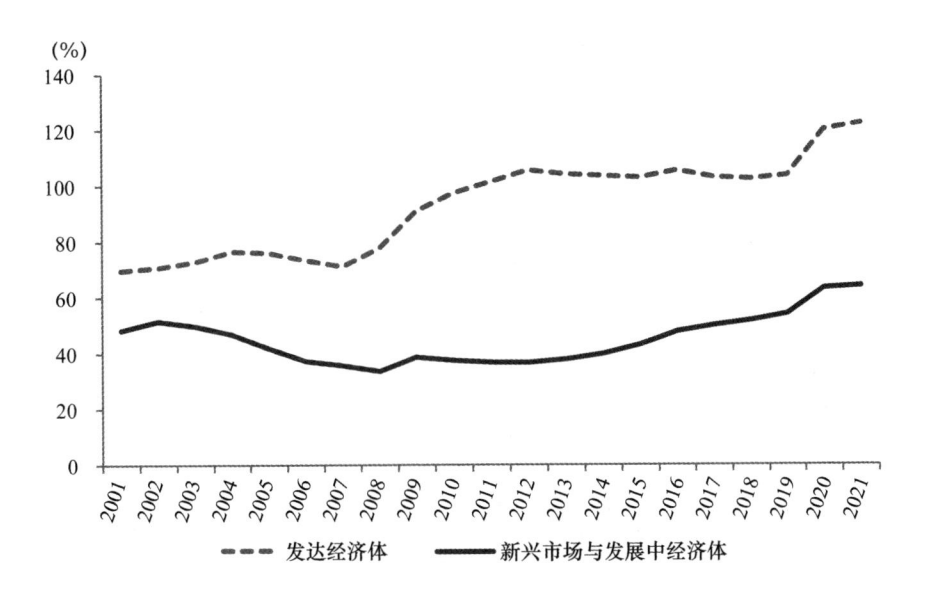

图3—27 2001—2021年不同经济体的政府债务规模占GDP的比例

全球持续维持极低利率水平，资产泡沫风险上扬。2020年全球主要经济体政策性利率纷纷降至历史极低水平，极大地刺激了全球资产价格上涨。目前，美国政策利率为0—0.25%、日本为-0.1%、欧元区为0，英国为0.1%。特别是美联储大幅降息1.5个百分点至0—0.25%，并采取新一轮量化宽松政策，美联储资产负债表从不足4万亿美元急剧膨胀到8万亿美元，扩张超过1倍。超低利率和资产购买暂时减缓了美国财政付息的压力，同时也严重刺激了美国金融市场，股价持续上涨，严重脱离实体经济。截至2021年4月21日，美国道琼斯工业平均指数、标准普尔500指数、纳斯达克综合指数同比涨幅分别达到48.3%、52.5%、68.8%，比2019年年底新冠肺炎疫情前的水平也分别上涨了19.6%、29.2%、55.5%，三大股指的市盈率分别从正常时期的20倍、25倍、30倍左右，提高到30倍、40倍、60倍左右，市场估值严重偏高。

总览当前的国际金融市场环境，各国货币政策、财政货币极度宽松，多个国家采取零利率、负利率政策，整个经济脱实向虚的风险非常大，特别是美国资产价格和通胀压力已经全面显现。下阶段，一旦美联储政策转向，或市场风险偏好发生逆转，都很可能触发金融资产泡沫破灭。

虽然新冠肺炎疫情逐渐得到控制，但节奏不及2021年年初预期，特别是2021年3—5月的恶化可能推迟世界经济复苏节奏，并加剧世界经济的不确定性。3—5月，全球新冠肺炎疫情形势再度恶化，出现比2020年第四季度更加严重的新一轮新冠肺炎疫情高峰，尤其是2021年4月下旬，日新增确诊病例多次创下最高纪录。截至2021年6月22日，全球当日新增确诊病例仍达到38万例，全球累计确诊病例已经达到1.8亿例，比2020年全年的近8400万例增加了约9600万例，这意味着2021年上半年的新增病例已经超过2020年全年的新增病例。随着全球新冠肺炎疫情防控期再度延长，2021年第二季度全球经济增长可能不及预期，国际机构在年初上调的增长预期面临下调风险。

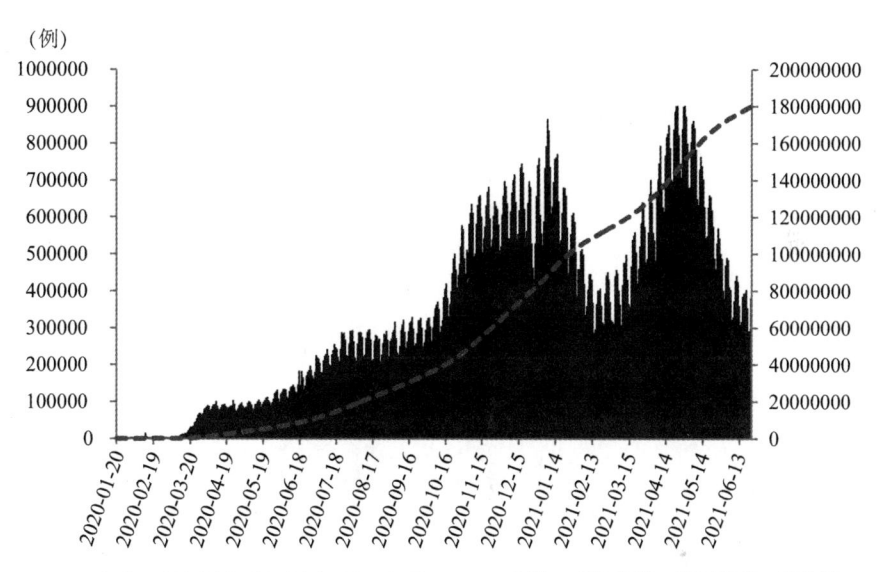

图3—28　2020年1月20日—2021年6月13日全球新冠肺炎疫情形势

特别是部分发展中经济体新冠肺炎疫情形势恶化加剧经济脆弱性，全球经济复苏将出现严重分化。2021年以来，美国、欧洲等发达经济体新冠肺炎疫情形势明显好转，在新冠肺炎疫苗接种、大规模刺激政策下加快复苏，而印度、巴西等部分发展中经济体则在新冠肺炎疫情突然失控、政策空间逼仄下陷入困境。特别是印度，2021年以来新冠肺炎疫情形势急剧恶化，脆弱的经济恢复面临夭折的风险。

从每日新增确诊病例看,印度自 2021 年 3 月以来新冠肺炎疫情开始失控,4 月 21 日至 5 月 15 日,每日新增确诊病例均在 30 万例以上,其中 5 月 6 日达到 41.4 万例的峰值,截至 6 月 10 日,当日新增确诊病例仍超过 9 万例。巴西的新冠肺炎疫情始终没有得到控制,2021 年 3 月以来进一步恶化,截至 6 月 10 日,当日新增确诊病例仍接近 9 万例。近几个月来,印度、巴西的制造业和服务业 PMI 均出现显著下滑,再度跌入紧缩区间。

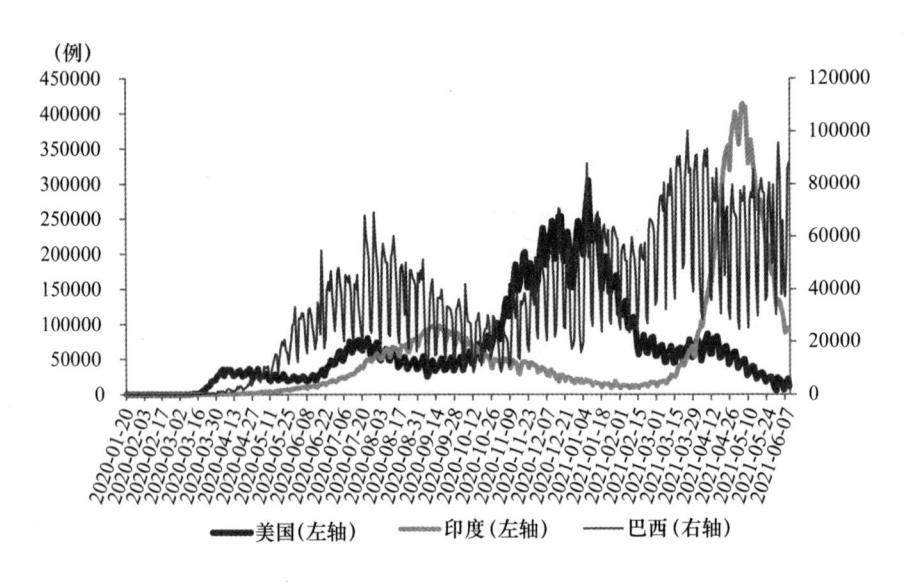

图 3—29　2020 年 1 月 20 日—2021 年 6 月 7 日部分国家新冠肺炎疫情形势

目前看来,全球新冠肺炎疫情的持续期将比 2020 年年底时的预期更长,世界生产复苏的节奏后移。2021 年以来,新冠肺炎疫情再度出现上扬的势头,甚至包括 2020 年新冠肺炎疫情防控较好的一些东亚经济体。截至 2021 年 6 月 10 日,印度尼西亚、菲律宾当日新增

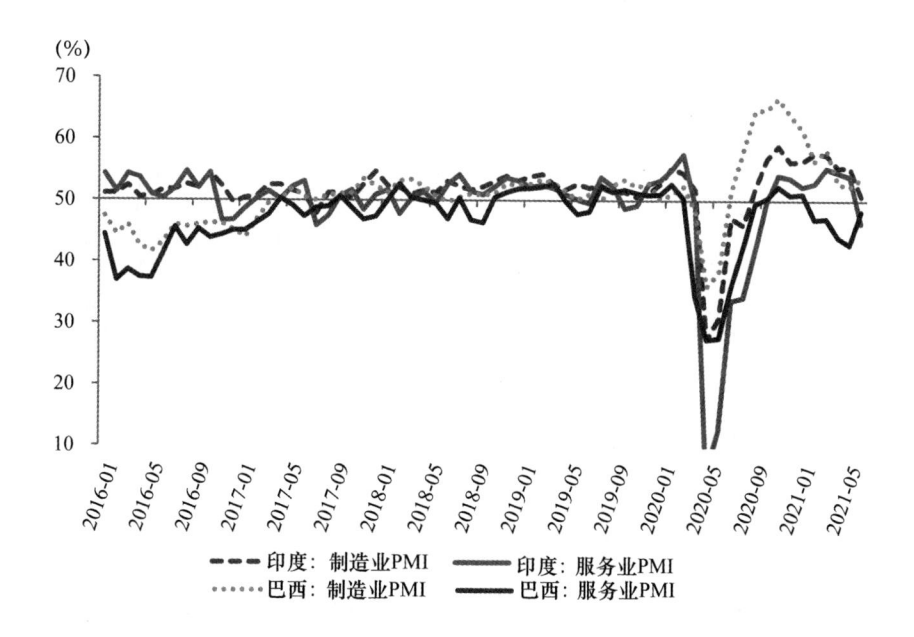

图 3—30　2016 年 1 月—2021 年 5 月部分发展中经济体 PMI 指数变化趋势

确诊病例也分别接近 8900 例和 7500 例。

在外部复苏不平衡的情况下，短期内中国出口增长仍有韧性。但从中长期来看，中国出口规模已进入平台期，培育国内大循环具有紧迫性。由于中国出口提升的态势实际上与新冠肺炎疫情形成了不对称性密切联系，随着未来新冠肺炎疫情关系走向对称和全球制造业生产的全面恢复，中国出口反而可能会面临极大压力。

一方面，近年来贸易环境变化剧烈，出口始终面临高度不确定性。自 2007 年以来，全球性事件频繁发生，包括 2007 年爆发于美国的国际金融危机、2009 年爆发于希腊的欧洲主权债务危机、2012 年国际大宗商品价格下跌、2015 年英国公投脱欧、2018 年中美经贸摩擦、2020 年新冠肺炎疫情蔓延全球等，使得全球的不确定性不断加

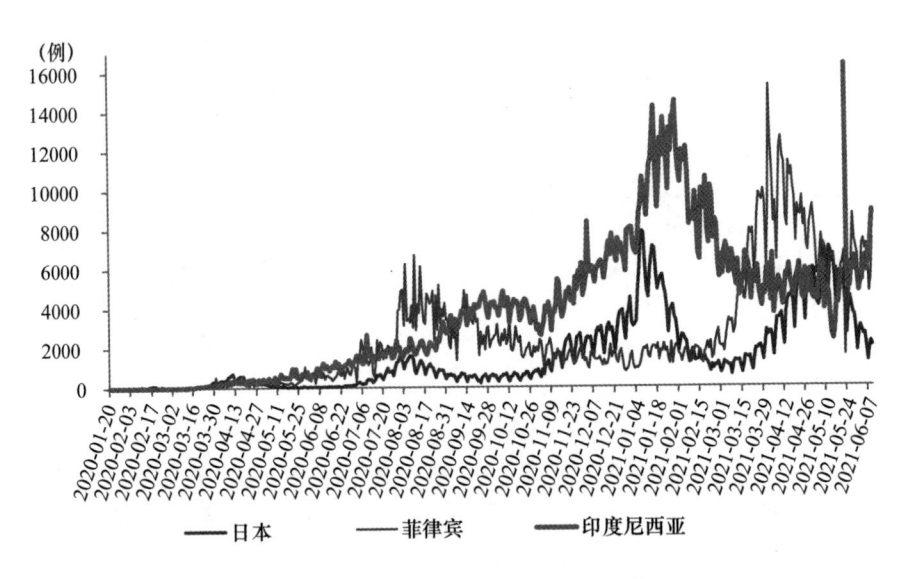

图 3—31　2020 年 1 月 20 日—2021 年 6 月 7 日部分东亚经济体新冠肺炎疫情形势

剧，中国出口增速也呈现阶梯式下滑。相比 2000—2007 年中国出口年均 26% 的高增长，2012—2020 年的年均增长率仅为 4% 左右。

另一方面，中国出口规模尽管存在年度波动，但已经进入"平台期"，由出口所带来的增长拉动效应已经式微。表面上看，贸易增速在年度之间持续波动。例如，2018—2019 年间中国贸易受到中美经贸摩擦以及全球经济前景不明朗所产生的抑制效应影响，同时也受到由于贸易深化以及边际扩张所带来的促进效应的带动；2020 年受全球性新冠肺炎疫情的冲击导致上半年对外出口下滑，但随着中国新冠肺炎疫情逐步得到控制以及国外新兴市场国家新冠肺炎疫情的暴发，中国贸易规模出现了明显的补偿性增长。但是，撇开这些短期波动因素就会发现，中国出口金额、进口金额以及贸易盈余的规模已经稳定，自 2015 年以来没有明显增长，至少与中国经济的中高速增长不相匹配。

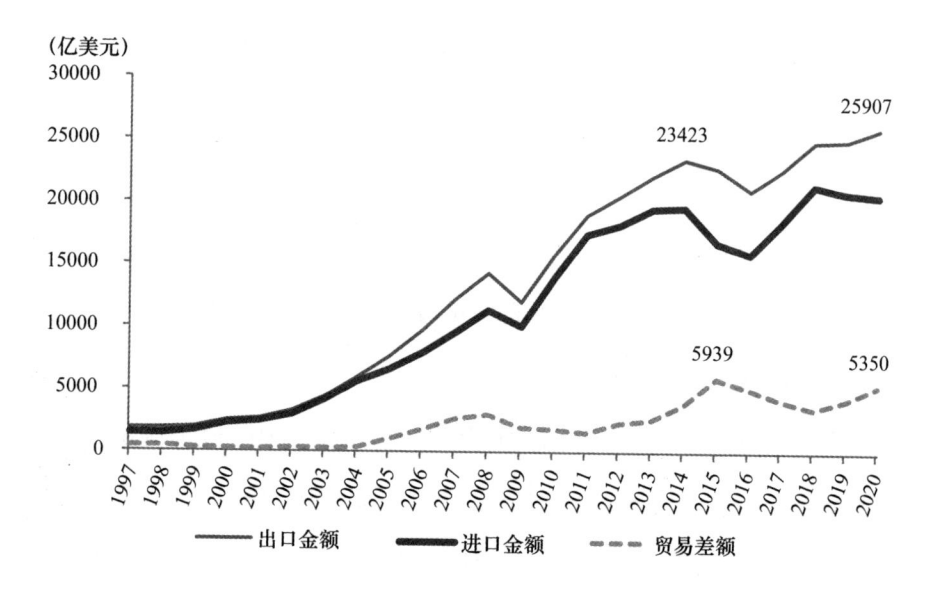

第三章 中国经济常态化进程中面临的内外部压力

图 3—32　1997—2020 年中国贸易规模变化趋势

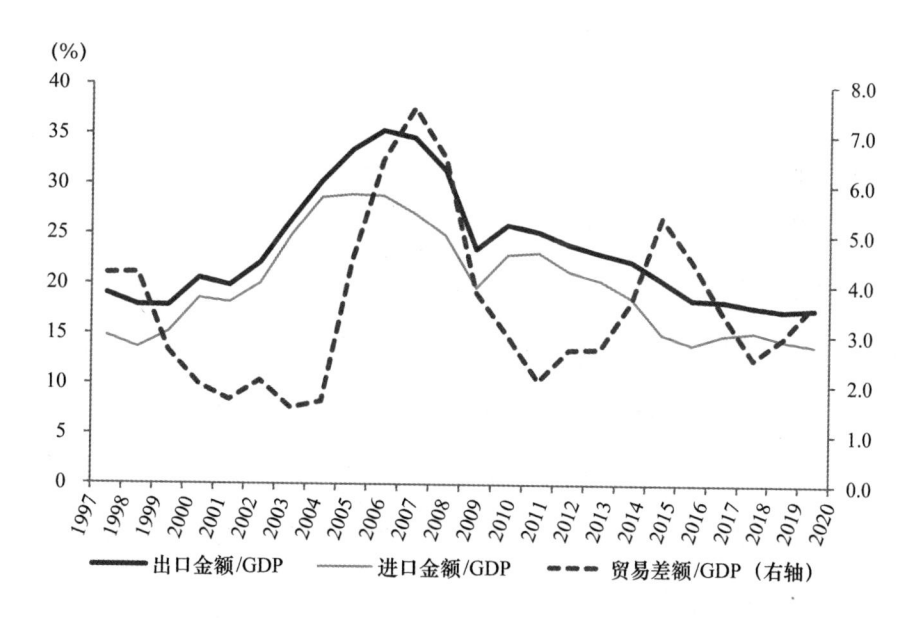

图 3—33　1997—2020 年中国贸易额占 GDP 比重变化趋势

八　中美关系依旧紧张，美国激进的宏观政策更是给全球和中国经济发展带来五大潜在风险

未来一段时期，中国外部环境的很大变量在于美国经济和贸易政策。一是美国激进的财政货币政策的溢出效应；二是美国对华贸易政策的不确定性。

美国激进财政货币政策对中国的潜在影响。现阶段美国的宏观政策已经从新冠肺炎疫情救助与经济修复走向试图打破美国次贷危机以来经济"大停滞"周期，允许通胀持续"超调"就是最好的证据。自2020年3月23日以来，美联储开启无上限宽松货币政策为国际金融市场提供流动性，在美联储坚定做多的背景下，全球金融市场资产价格开始触底反弹，避免了全球金融大动荡演化为全球性的金融危机。目前来看，美国应对新冠肺炎疫情冲击的宏观救助和刺激政策是全球力度最大的。美联储网站公布的数据显示，从2020年3月5日至2021年6月3日，美联储资产负债表中的总资产从约4.24万亿美元"爆表"到约7.94万亿美元，增长了87.3%；同期总资产结构中持有美国国债从约2.50万亿美元增长到约5.12万亿美元，增加了2.62万亿美元，美国的财政赤字货币化现象严重。依据IMF提供的数据，在2020年3月开始至2021年3月底大约1年的时间里，美国为应对新冠肺炎疫情冲击的财政计划支出高达5.95万亿美元，占2020年美国GDP的近30%。

综观整个2020年，财政转移支付占美国居民收入的比例达到了

21.6%，这一比例比 2018—2019 年要高出约 5 个百分点。巨额的财政转移支付使得美国在 2020 年经济下跌 3.5% 的情况下，美国居民收入反而增加了 6.34%，而 2019 年美国居民收入增速仅为 3.92%。2021 年 3 月初，美国又颁布了《2021 年美国救援计划法案》（American Rescue Plan Act of 2021），符合条件的个人最高可获得 1400 美元的经济影响费，已婚夫妇共同申请的可获得 2800 美元的经济影响费，美国再次通过财政转移支付向居民直接支付救济。2021 年第一季度，财政转移支付收入占美国个人总收入的比例进一步上升，高达 27.4%。同时，2021 年第一季度美国经济 GDP 环比折合年率也达到了 6.4%。

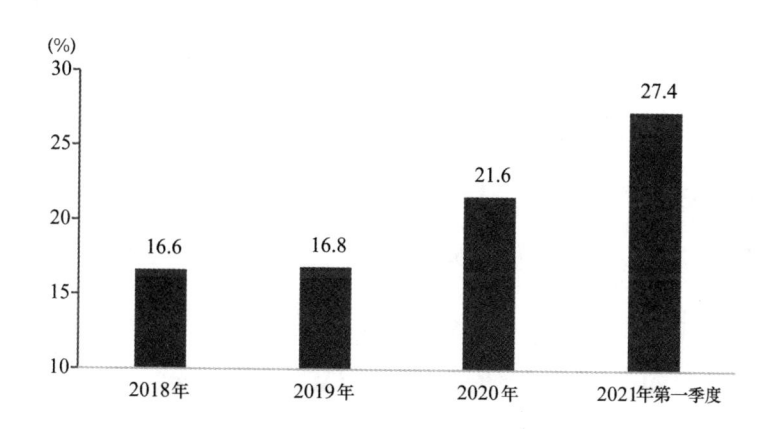

图 3—34　财政转移支付占美国个人总收入的比例

资料来源：BEA, Personal Income and Its Disposition.

在激进的刺激政策下，美国经济中的通胀出现了跳跃式的增长，4 月美国经济中 CPI 和核心 CPI 同比涨幅达到了 4.2% 和 3.1%，5 月进一步上升到5.0%和3.8%。美联储从2021年3月开始就一直淡化通胀及通胀预期压力，允许通胀的"超调"，直到6月会议才稍有"暗示"。

拜登上台百日之内，接连抛出了三大计划，除了上述的救援计划以外，还有基建计划和税改计划。拜登的基建计划规模高达1.7万亿美元，尽管与共和党提出的约9300亿美元的基建计划之间存在很大差距，但如果达成，基建的规模应该不会小。在2021年5月28日白宫公布的预算中，2022财年总支出高达6万亿美元，其中就业和家庭计划规模达到了3.4万亿美元。在美国经济产出缺口快速收敛的背景下，美国刺激经济发展的财政支出规模在不断增加。

因此，允许通胀持续"超调"与拜登财政支出计划大规模增长两种现象，说明了美国此轮经济的修复已经不再仅是应对新冠肺炎疫情的经济修复，而是想要打破美国经济长期以来的"大停滞"现象，助推美国经济进入扩张区间，打破次贷危机以来经济"大停滞"周期。20世纪90年代经济自由化以来，美国经济在全球的影响力下降，世界经济多极化趋势已经形成。在这样的背景下，美国采取了激进的宏观政策，政策组合与现代货币理论（MMT）所倡导的政策组合有很大的相似之处。在很大程度上可以认为美国宏观政策是在进行MMT的大实验，实施财政赤字的货币化。美联储就业优先的货币政策使得财政赤字货币化问题越发严重。依据美国财政部网站公布的数据（The Federal Response to COVID-19, Data through March 31, 2021），应对新冠肺炎疫情的预算资金为4.2万亿美元，目前已完成支出的数额为2.6万亿美元，已承诺的（法律规定的支出）数额大约3万亿美元，预算资金还剩下大约1.3万亿美元的额度。而大量的资金需要通过美联储不断购买债券去筹集。截至2021年6月3日，美联储总资产中持有的国债数量约5.12万亿美元，而在2020年3月5日持有的国债数量约为2.5万亿美元。相当于美联储在大约14个月的时间里，为美国财政融资了2.62万亿美元。

美国激进的财政货币政策带来五大潜在风险。美国激进宏观政策带来了美国经济产出缺口的快速收敛，依据IMF 2021年4月《世界经济展望》预测2021年美国GDP增速将达到6.4%。但激进的刺激政策导致了美国财政赤字不断增加，同时也给全球及中国经济带来五大潜在风险。

第一，美联储允许通胀较长时间"超调"，不断加大全球通胀和"Taper"（缩减购债规模）风险。2021年年初以来，美国通胀加速上扬，相对于2%的长期通胀目标，目前美国的通胀率水平已经出现了阶段性的明显"超调"。5月，美国CPI和核心CPI同比涨幅分别达到5.0%和3.8%，超市场预期、创历史新高，特别是核心CPI创下近20年来的最高纪录。其中，商品同比涨幅达到8.1%，尤其耐用品涨幅为10.3%，服务涨幅也升至3.1%。相对于2%的长期通胀目标，美国CPI已出现3个月的超调，核心CPI出现了2个月的超调，而且环比涨幅较大，核心CPI的6个月移动平均趋势上行，都显示物价水平明显超调。

美联储认为，随着供应瓶颈的缓和，通胀压力会减缓，目前的通

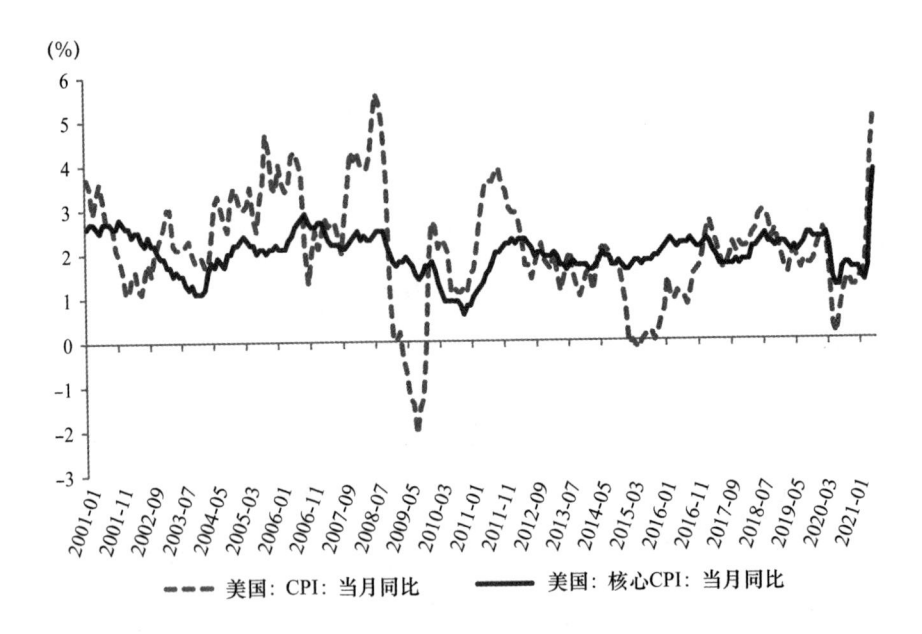

图3—35 2001年1月—2021年1月美国经济中CPI和核心CPI变化趋势

资料来源：U. S. Bureau of Economic Analysis.

胀具有暂时性，但从通胀预期来看，目前5年期TIPS（通货膨胀保值债券）和10年期TIPS所隐含的中长期通胀预期已经稳居2%以上。截至6月4日，5年期和10年期TIPS隐含的5年和10年平均通胀率分别为2.54%和2.40%，说明市场已经预期到长期通胀压力。因此，美联储允许通胀持续"超调"，势必会对未来全球通胀带来压力。

第二，通胀和低利率组合新环境将进一步推高风险资产价格风险。美联储允许通胀持续"超调"，高通胀与低利率组合成为当下及未来一段时间国际金融市场运行的新环境。这一新环境将导致传统的P/B估值框架失真，P/B存在高估倾向，其原因在于通胀与低利率组合新环境会降低实际利率，共同助推风险资产价格的上涨。从2020

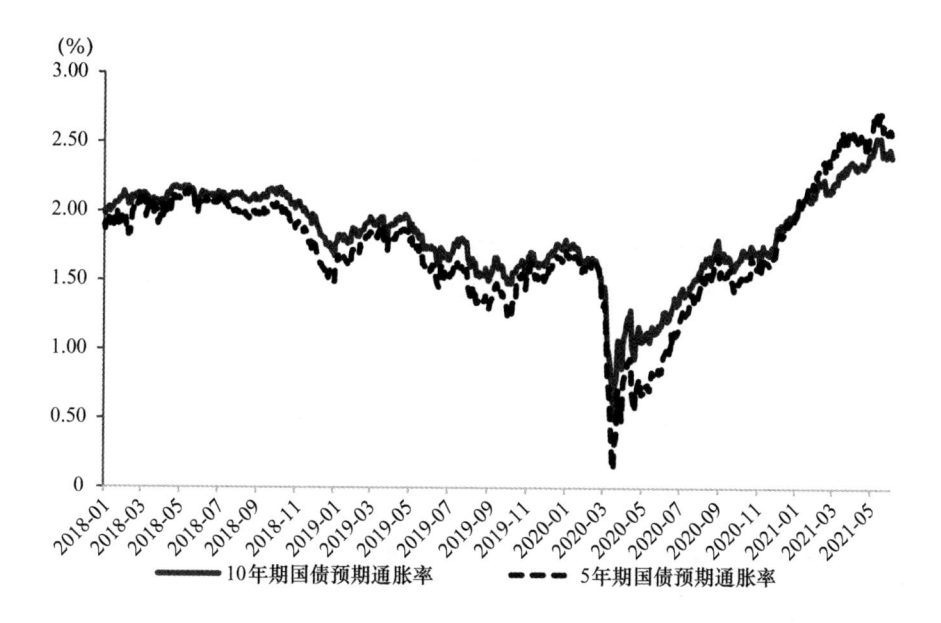

图3—36 2018年1月—2021年5月美国经济中长期通胀率变化趋势

资料来源：Federal Reserve Economic Data.

年3月全球金融大动荡低点以来，美国股市上涨的幅度巨大。道琼斯指数、纳斯达克指数和标普500指数分别上涨了86.94%、101.36%和89.05%；2021年年初以来，也出现了较大的涨幅，年初至今道琼斯指数、纳斯达克指数和标普500指数分别上涨了13.56%、7.19%和12.61%。

从美国房地产价格来看，同样出现了巨大的涨幅。在美联储不断购买MBS（抵押支持债券）提供流动性和30年期很低的抵押利率刺激下，美国房地产市场创历史新高。2008年次贷危机爆发前，美国房价指数最高点2006年7月S&P/Case–Shiller（标普/凯斯席勒）指数达到了184.6，而2021年3月这一指数已经高达243.7。

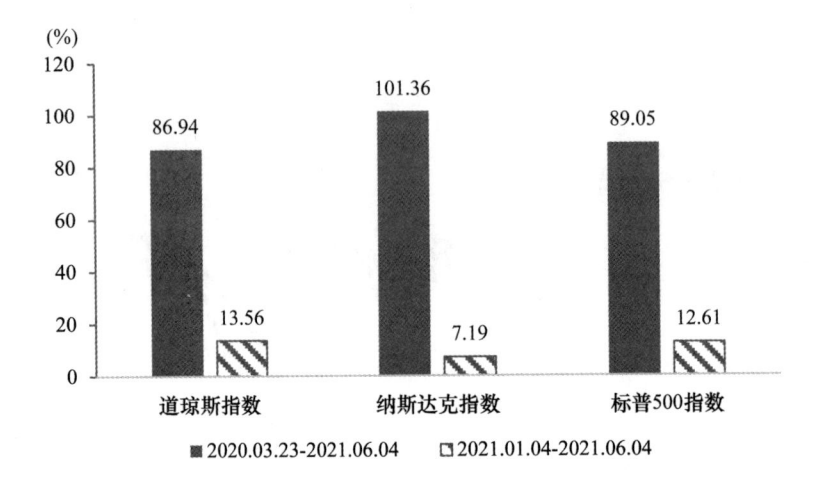

图3—37 美国股市金融大动荡低点至今以及2021年以来的上涨幅度

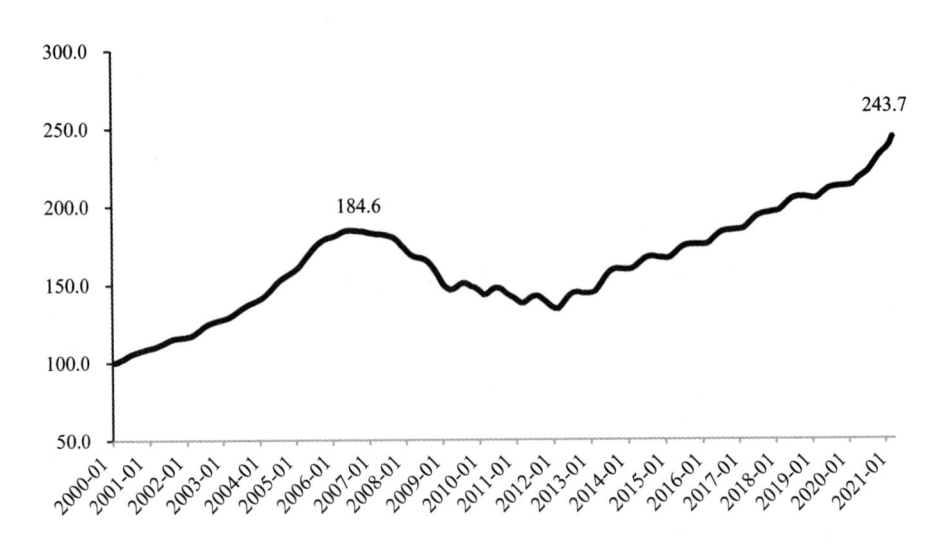

图例:
- ■ 2020.03.23—2021.06.04
- ▨ 2021.01.04—2021.06.04

指数	2020.03.23—2021.06.04	2021.01.04—2021.06.04
道琼斯指数	86.94	13.56
纳斯达克指数	101.36	7.19
标普500指数	89.05	12.61

图3—38 2000年1月—2021年1月美国房地产价格指数的变化（2000年1月=100）

资料来源：Federal Reserve Bank of St. Louis.

从风险资产的估值来看，高通胀与低利率组合新环境意味着风险资产的估值将继续在高位运行，尤其是美国的股市甚至有出现创新高的可能性，这也会加大未来风险资产估值可能出现较大幅度调整的潜在风险。

第三，经济修复与宽松的流动性带来大宗商品价格持续上涨的风险。摩根大通全球制造业PMI（采购经理人指数）显示，商品生产部门连续扩张了11个月，总体PMI从2021年4月的55.9升至5月的56.0，创下11年来的最高水平。从交货期来看，尽管全球制造业供应商的交货期在2020年中期一度接近稳定，供应紧张状况有所缓解，但最近的PMI数据表明交货期延长到了与2020年峰值相当的程度，这说明2021年5月的供应面依然紧张，会继续推动价格上涨。

从国别和区域来看，涵盖制造业和服务业的IHS-Markit美国综合（PMI）显示，2021年5月出现了有史以来最大涨幅之一，飙升至该调查12年来的新高，5月最新数据为68.7，高于4月之前的63.5，远高于调查之前记录的任何水平（峰值61.0出现在2014年6月全球制造业PMI指数）。欧元区的IHS Markit的PMI在5月连续第三个月刷新纪录，升至63.1的新高，欧元区制造业继续以近24年调查历史上前所未有的速度增长。

一方面是制造业的回暖，另一方面是美联储继续维持宽松，再加上新冠肺炎疫情导致的大宗商品产能减少，国际大宗商品价格指数出现了较大涨幅，全球大宗商品价格指数纷纷回升至2019年水平。2020年全球大宗商品价格处于阶段性的低位，为中国经济复苏提供了较为有利的环境，但这一有利条件已在2021年出现逆转。2021年5月，布伦特原油现货价回升到68.7美元/桶，较2020年同期增长137.1%，比2019年同期低3.5%。作为原油等大宗商品进口国，价格回升导致中国PPI价格指数出现快速上升，在PPI-CPI传导受阻的背景下，中下游企业承受较大的成本压力。不过从近几个月走势来看，原油价格环比上升势头有所放缓，从而有望减轻未来通胀压力。

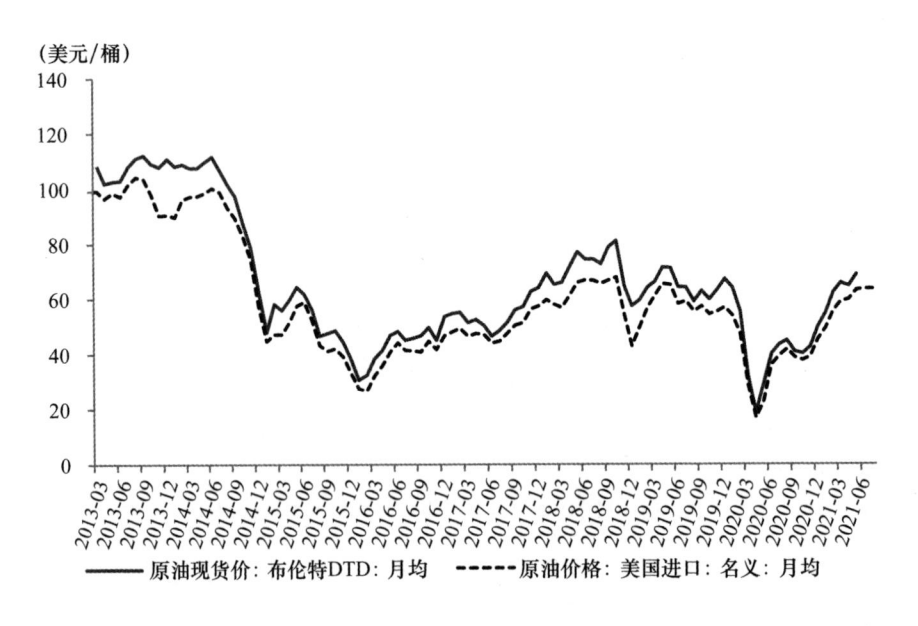

图3—39　2013年3月—2021年6月国际原油价格变化情况

第四，美国阶段性地放弃了经常账户不平衡，导致通胀输出，重拾经贸摩擦风险。从美国经常账户的贸易情况来看，新冠肺炎疫情暴发以来，美国货物贸易逆差不断增加，货物贸易逆差从2020年2月的约604.0亿美元上升到2021年3月的约915.6亿美元；服务业贸易顺差从2020年2月的约224.0亿美元下降到2021年3月的约171.1亿美元。货物贸易逆差的扩大和服务贸易顺差的减少共同加大了美国对外贸易赤字。2020年2月美国贸易赤字为380.1亿美元，2021年3月上升到744.5亿美元，大约1年的时间，美国经济对外贸易月度贸易赤字几乎增加了一倍。从美国的货物进口来看，随着2020年3月出台的2.3万亿美元经济救助法案开始，美国货物进口从5月开始上扬。2020年5月美国货物进口数量大约为1665.0亿美元，到了2021年3月达到了2344.4亿美元，增长了679.4亿美元。

新冠肺炎疫情以来，美国无视对外贸易赤字，并不是不关心外部不平衡，而是这种外部不平衡有助于美国激进的宏观政策的实施。美联储巨大的流动性释放与财政转移支付相配合，导致了2020年美国GDP同比下降3.5%，但居民收入同比增长了6.3%。居民购买力支撑了美国消费的增长，也导致了美国进口大量的货物，货物贸易逆差再创历史新高。贸易逆差也使得美元顺势流出美国，带来了美元全球流动性的泛滥，降低了美国国内通胀的压力，但带来了全球通胀的压力，大宗商品价格的上涨与美元流动性的泛滥有直接关系。

历史上，美国因为经常账户赤字发起的贸易摩擦、汇率摩擦的例子很多，因为长期的大规模贸易赤字不利于提高美国实体经济的竞争力和维护美元国际货币体系。如果美国经济取得了实质性修复，进入了扩张区间，外部贸易赤字问题就很可能会被重新提上美国对外经济政策的议程。同时，拜登在2021年6月3日签署行政令，将59家中国企业列入"黑名单"，禁止美国个人和机构投资，对中国企业的打压力度不断加大。

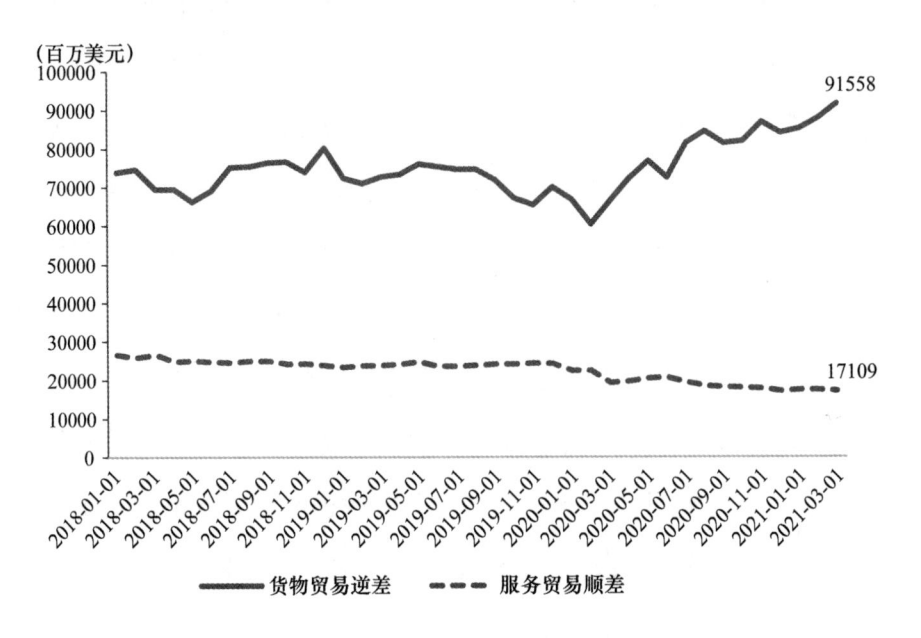

图3—40　2018年1月—2021年3月美国经常账户贸易情况

资料来源：Federal Reserve Economic Data, Federal Reserve Bank of St. Louis.

第五，美联储允许通胀"超调"导致人民币存在过度升值的风险。从2021年4月开始，美元指数有一个明显的走软阶段，而人民币汇率也有一个明显的升值阶段。值得关注的是，4月美元指数走软与美联储的货币政策新框架直接相关。3月美国经济CPI达到2.6%，核心CPI达到1.8%，到了4月美国经济CPI达到4.2%，核心CPI达到3.0%，但美联储从2月开始一直淡化通胀及通胀预期。在美联储允许通胀"超调"的背景下，随着美国经济中物价水平的上涨，美元开始对内、对外的双重贬值。从4月初到6月8日，美元指数贬值了

3.19%，人民币兑美元升值了2.77%。相对于美元指数，人民币兑美元的金融汇率继续保持了相对稳健的升值态势。但从更长时间来看，2020年5月28日至今，人民币升值了10.73%，同期美元指数贬值了8.57%，人民币存在过度升值的压力。

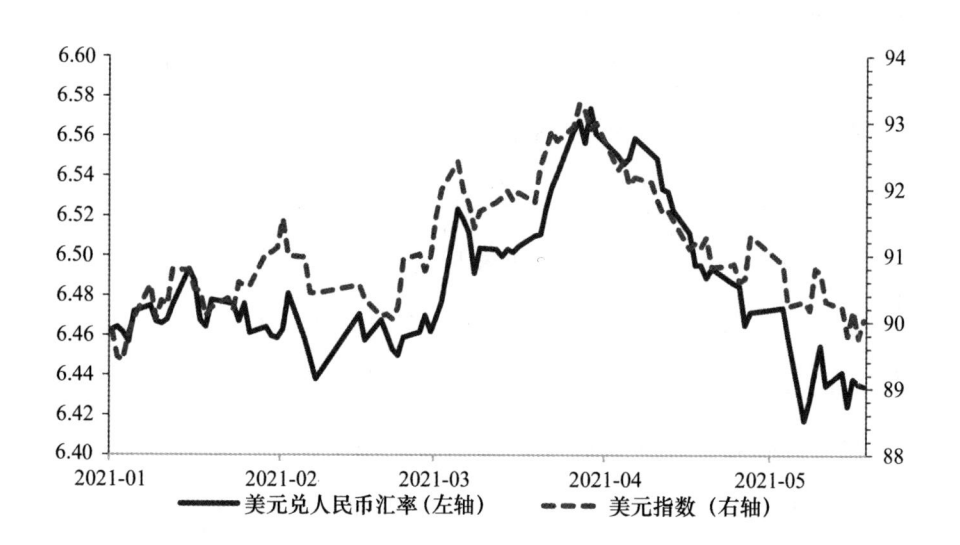

图3—41　2021年1月—2021年5月美元指数与美元兑人民币双边汇率趋势

拜登及其经济团队的对华贸易态度。除了经济基本面因素，决策层的态度同样是影响中美经贸关系走向的重要因素，在特朗普执政的四年中，中美贸易整体呈现出相较于以往更为明显地对抗性，虽然"第一阶段"协议一定程度上缓解了经贸摩擦，但双方的贸易基础仍明显地遭到损害。以贸易关税为例，2021年年初，美国对中国商品的贸易加权平均关税为19.3%，中国对美国产品的关税约为20.7%，而在2018年中美经贸摩擦之前，上述关税水平分别仅为3.1%

和 8.0%。

早在特朗普执政时期，拜登就曾多次批判特朗普所采取的加征措施，也曾公开指出对华加征的关税明显地转移到国内企业以及消费者身上，并在 2020 年 8 月的参选演讲中提出当选后会取消相应对华加征的关税。随着美国逐步走出新冠肺炎疫情阴影，在生产和消费环节出现了明显的原料、产品短缺，尤为明显地体现在铜、铁矿石、钢铁、木材、半导体等原材料领域，以汽车市场为例，受全球芯片短缺影响，新车生产受到明显抑制，数据表明，二手车的价格在一个月内上涨了 10.0%，首次突破 25000 美元，同比增加约 2800 美元，在上述背景下，继续保留相关商品的高关税对美国企业和消费者无疑会造成更大的福利损失。

另外，随着拜登宣誓就职，其执政班底也组建完成，整体而言，不同于特朗普时代的对华鹰派成员，拜登核心内阁成员以奥巴马时代的建制派精英为主，是全球化和自由贸易的受益者，对华态度基本一致，强调自由、规则与竞争。以被提名的财政部部长珍妮特·耶伦为例，作为前任美联储主席，其政策取向偏向鸽派，主张采取自由贸易，否定特朗普政府所采取的关税战措施，并认为加征关税提升了美国消费者和制造业的成本。但美国新任贸易代表戴琦的贸易主张与特朗普的贸易策略具有一定的相似性，例如均强调通过贸易手段改善工人阶层福利、强调"公平贸易"，对相关贸易调查以及关税手段具有一定的偏好性，不同之处在于，相较于特朗普时期过分强调"单边"贸易政策，戴琦的贸易策略对于联合欧洲、日本等传统贸易伙伴同样有所侧重。

必须指出的是，即使美国民主党和共和党存在分歧，但在对华经贸态度上却尤为一致。相较于商人出身的特朗普，作为一名更为熟悉中国的政治家，拜登更了解国家层面在贸易领域的对华策略，对比特朗普政府"立竿见影"的关税制裁，拜登政府更可能采取诸多非关税措施限制中国贸易发展。可以预测，未来美国将进一步加强TTIP（跨大西洋贸易与投资伙伴协议）、美日、美韩等贸易协定的推进，旨在通过在知识产权、投资规则、国有企业等相关经贸规则的全面升级以实现对中国未来经贸发展的打压。此外，由于总统交接所带来的转换成本影响，先前与特朗普政府在贸易领域所取得的谈判成果大概率在未来的执行过程中受到阻碍，增加了中美双方未来的贸易不确定性。

综合上述对于美国当前经济情况的分析、拜登政府对华经贸态度，本书认为，受目前美国"供小于求"特征的影响，为尽快提振经济，在未来短期内，美国将受全球产业链、供应链运行影响，明显增加与中国的原材料、中间品贸易，并在此基础上有一定条件地削减特朗普政府时期所遗留的加征关税。实际上，海关总署数据表明，2021年第一季度中美贸易呈现高速增长趋势，其中中国对美国出口同比增长62.7%，自美进口增长57.9%，集中体现在能源、农产品、汽车及零件行业，除基数效应外，经济、贸易结构的高度互补同样是双边经济快速恢复的重要原因。为进一步探究其增长趋势，基于乘法分解模型将中美贸易往来分解为趋势项、周期项以及节日、冲击效应并对于未来短期趋势加以预测，预测结果如图3—42所示。可见，短期内，中美贸易将整体呈现增长趋势，规模超出以往同期水平，但这一增长趋势将逐步放缓，持续性相对较弱。

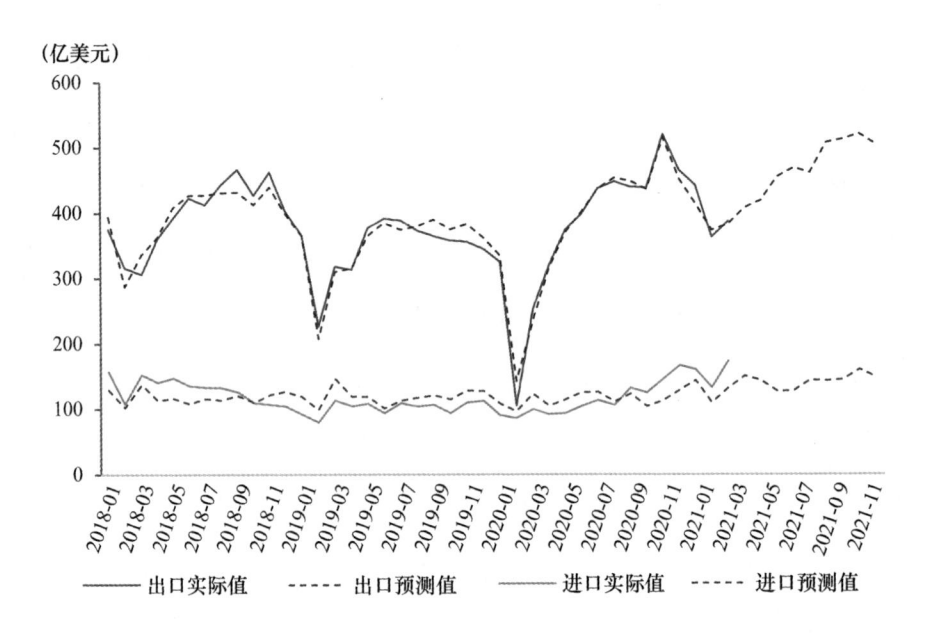

图3—42 中美贸易水平及趋势预测

而长期内，受所谓"平等"贸易的主张影响，拜登政府可能会联合其他贸易伙伴，从"边境后"贸易规则入手对中国对外贸易发难，并借助如原产地规则、知识产权规则等贸易手段促使相关产业链回流美国，以重振相关工业发展，使得中国对美贸易条件出现恶化，进而降低双边经贸规模。近期美国新政府动作频出，无疑增加了中美贸易关系新的不确定性。随着新冠肺炎疫情形势扭转，中美贸易冲突可能再次成为左右中国经济和世界经济的重要因素。因此，2021年的中美关系绝非坦途，双方在贸易、科技、金融等其他领域的摩擦会更加频繁，需要提前做好各种应对。

综上所述，2021年外部环境的复杂化对于国际循环体系的冲击及其对中国出口的影响将有新的表现。全球经济复苏进程的延迟、国际冲突的加剧、全球供应链的重构以及"去中国化"的抬头，都可能使中国经济面临的外部压力上扬，提前稳住内部经济循环基本盘是应对外部冲击和大国竞争的核心基础。因此，在各种战略准备中，进一步恢复中国经济运行的基本盘，不断巩固住内部产业链的竞争力和畅通性是我们立于不败之地的关键。在外部贸易投资和政治摩擦高峰期到来之前，全面扩充国内市场需求，快速促进市场循环的常态化，是当前窗口期的必然之举。

第四章

2021年支撑中国宏观经济运行的政策性力量

全年来看，经济内生动力的增强、超常规政策的退出、中长期发展战略的布局、世界新冠肺炎疫情及经济形势的复杂演化是左右2021年中国宏观经济运行的四大基础力量。考虑到当前经济复苏还没有完全达到常态化水平，经济复苏的核心力量依然有赖于一定的政策支持，且具有强烈的不稳定、不均衡、不确定等特点，扩张性的宏观经济政策定位不宜大幅度转向，而应当将超常规宏观经济政策逐步向常规性宏观扩张政策进行转变，然后再由常规性宏观扩张政策逐步向逆周期政策定位调整。全年来看，2021年仍将保持相对宽松的宏观政策，特别是积极的财政政策和稳健的货币政策的组合，在超常规政策退出的同时，利用常规性扩张政策填补政策力量下滑的空缺，并在"十四五"规划的实施和战略布局中加快培育国民经济循环的内生动力。

一 超常规政策的退出、常规性政策的节奏后移，造成2021年上半年政策性力量的转换，使得第一二季度经济增速边际放缓，下半年政策效应的充分释放将带来更为强劲的增长

2020年宏观政策力度显著高于往年，政策效果持续显现，有力支撑了中国宏观经济快速复苏。2021年，随着超常规政策的逐步退出，常规性财政政策的节奏性后移，以及货币政策回归防风险基调，使得各类宏观政策整体收紧，经济反弹的政策支撑力明显减小，成为影响短期经济走势的核心因素之一。

2021年上半年，财政政策增收减支，季节性收紧。2020年的财政赤字达到62693亿元，政府性基金赤字达到24510亿元，广义赤字达到87203亿元，相应的三个赤字率分别达到6.2%、2.4%、8.6%。2021年第一季度，财政赤字缩小为1588亿元，政府性基金盈余1274亿元，广义赤字缩小为314亿元，三个赤字率分别为0.6%、-0.5%、0.1%。可见，2021年第一季度广义赤字率不仅显著低于2020年的水平，也显著低于2019年第一季度，更显著低于2021年全年预算水平，这意味着第一季度经济受到财政政策支撑的力度其实较弱，真正的政策支撑力将会在后面几个季度发挥作用。

从2021年1—5月财政收支两方面增长情况及赤字变化方向看，2021年上半年财政执行情况可看作一次"极限压力测试"。1—5月，财政收入同比增长24.2%，财政支出仅增长3.6%，财政盈余2901亿元；政府性基金收入同比增长25.6%，支出同比减少7.0%，政府

性基金盈余 90 亿元；两项盈余合计 2991 亿元，与全年的预算赤字安排并不一致，政策节奏明显后移。

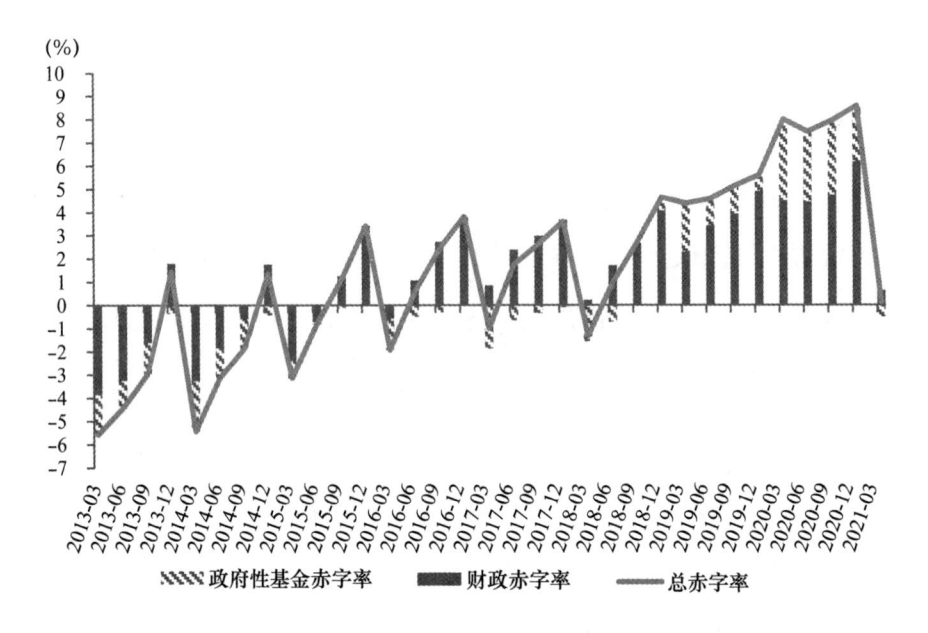

图 4—1　2013 年 3 月—2021 年 3 月第一季度赤字率变化情况

2021 年专项债额度维持高位，但发行节奏明显放缓，上半年规模同比骤降。2021 年地方政府新增债务限额为 4.47 万亿元，其中专项债 3.65 万亿元，仅较 2020 年小幅下降 0.1 万亿元，表明专项债依然是积极财政的主要着力点，且前期专项债以及 2020 年抗疫特别国债下存量项目较多、资金接续需求较大。但受 2021 年新增债提前额度下达较晚、专项债项目审核力度加大等影响，1—5 月地方债发行放缓，共发行 2.55 万亿元，较 2020 年同期减少 0.65 万亿元，其中，专项债较 2020 年同期大幅减少 1.08 万亿元至 1.17 万亿元，进度明显

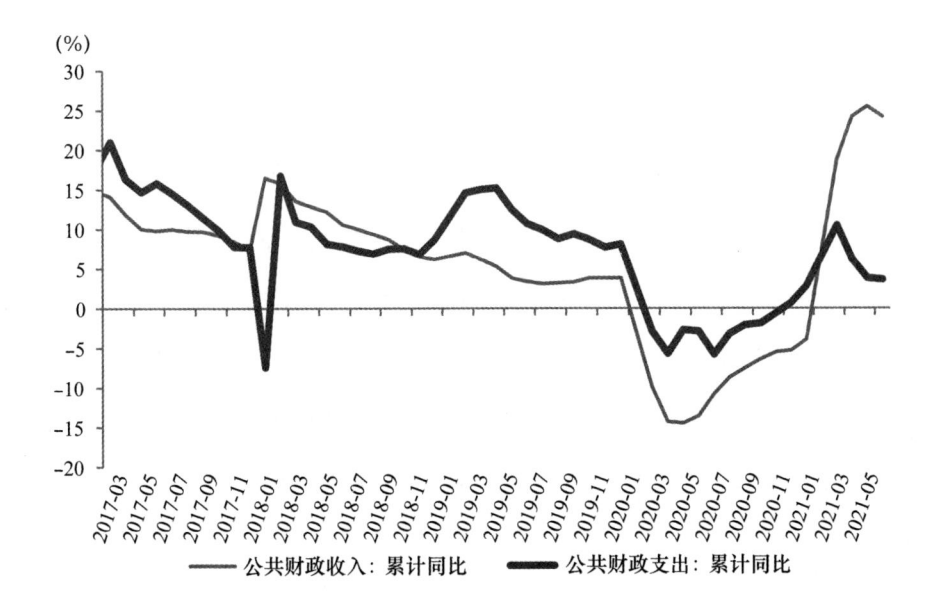

图4—2 2017年3月—2021年5月公共财政收入和支出变化趋势

迟滞。

同时，2021年发行结构向再融资倾斜，新增专项债不足2020年同期的三成，2021年1—5月仅完成全年限额的1/6。由于2021年新增额度下达较晚等原因，新增专项债发行较少，在政策不断强调化解地方债务风险、压降隐性债务增速的背景下，再融资专项债快速扩容。具体看，再融资专项债共发行5864亿元，超过2020年同期的5倍，其中3793亿元用于偿还到期债券的再融资专项债，剩余2071亿元用于偿还存量政府债务。新增专项债于2021年3月启动发行，1—5月仅发行0.58万亿元，仅为2020年同期的27%，其中114亿元使用2020年支持化解地方中小银行风险专项债券结转额度，剩余部分完成全年3.65万亿元新增额度的16%，完成财政部已下达债务限额

3.47万亿元的16.5%，远不及2020年同期近六成的完成比例。

相应的，发行明显趋于短期化，10年及以上合计占比回落近三成。由于期限相对较长的新增债发行节奏显著迟滞，地方债发行期限大幅缩短，2021年1—5月地方债加权平均发行期限较2020年同期大幅缩短4—11年，其中，一般债加权平均发行期限7.8年，同比缩短7.4年，专项债加权平均发行期限12.2年，同比缩短3.0年。具体看，专项债发行仍以10年期为主，规模为4236亿元，占比36.2%，与2020年同期基本持平；但由于新增债发行较少，10年以上期限（15年、20年、30年）合计占比32.5%，较2020年同期的50.9%回落近20个百分点。

二　2021年全年来看，财政政策安排富有空间，支撑经济稳健复苏的后劲十足

虽然2021年上半年财政政策力度缩小，但是，从全年来看，财政预算安排的政策空间充足，2021年财政政策效应的充分释放有望拉动名义GDP增长3个百分点左右，增长拉动效应依然强劲，对经济的支撑力量将在下半年得到充分体现。具体可从以下三方面理解。

（一）2021年的财政政策安排更加精准和从容

2020年中央经济工作会议对2021年中国经济重点工作作出了全面的部署，提出要继续实施积极的财政政策。积极的财政政策要提质

增效、更可持续,保持适度支出强度,增强国家重大战略任务财力保障,在促进科技创新、加快经济结构调整、调节收入分配方面主动作为,抓实化解地方政府隐性债务风险工作,"党政机关要坚持过紧日子"。2021年第十三届全国人民代表大会第四次会议审查通过的《关于2020年中央和地方预算执行情况与2021年中央和地方预算草案的报告》(以下简称《预算报告》),详细列出了2021年积极的财政政策的具体要求和主要方面,提出了以下八点具体措施。

一是保持适度支出强度。2021年全国一般公共预算支出安排超过25万亿元,同比增长1.8%,财政支出总规模比2020年有所增加,重点仍是加大对保就业、保民生、保市场主体的支持力度,着力保障国家重大战略任务资金需求,促进经济运行保持在合理区间。

二是优化和落实减税降费政策。继续执行制度性减税政策,延长小规模纳税人增值税优惠等部分阶段性政策执行期限,实施新的结构性减税举措。将小规模纳税人增值税起征点从月销售额10万元提高到15万元。对小微企业和个体工商户年应纳税所得额不到100万元的部分,在现行优惠政策基础上,再减半征收所得税。取消港口建设费,民航发展基金航空公司征收标准再降20%。

三是增加中央对地方转移支付规模。在新增财力有限的情况下,中央财政压减本级、调整结构,增加对地方转移支付规模。对地方转移支付安排83370亿元,比2020年略有增加,其中一般性转移支付增长7.8%,增幅明显高于2020年。同时,建立常态化财政资金直达机制并扩大范围,将2.8万亿元中央财政资金纳入直达机制。截至4

月 21 日，中央财政已下达直达资金 2.6 万亿元，其中超过 2.2 万亿元已下达到资金使用单位，执行进度较 2020 年进一步加快。

四是合理确定赤字率。考虑到全国抗击新冠肺炎疫情斗争取得重大战略成果和经济逐步恢复，赤字率按 3.2% 左右安排，比 2020 年有所下调，赤字规模为 3.57 万亿元，比 2020 年减少 1900 亿元，其中，中央和地方分别为 2.75 万亿元和 0.82 万亿元。既体现了财政政策的积极取向，又释放出中国不搞"大水漫灌"式强刺激、推动高质量发展的明确信号，并为今后应对新的风险挑战留出政策空间。

五是适度减少新增地方政府专项债券规模。新增专项债券安排 3.65 万亿元，比 2020 年减少 1000 亿元。主要是已发行的专项债券规模较大，政策效应在 2021 年仍会持续释放，适当减少新增专项债券规模有利于防范地方政府法定债务风险。

六是不再发行抗疫特别国债。发行抗疫特别国债是特殊时期的特殊举措，目前抗疫等一次性支出大幅减少，地方公共卫生等基础设施建设、保基本民生等支出可以通过正常渠道给予保障，因此不再发行抗疫特别国债。

七是落实政府过紧日子要求。节用为民，坚持过紧日子，确保基本民生支出只增不减。中央本级支出继续安排负增长，进一步大幅压减非急需非刚性支出，重点项目和政策性补贴也按照从严从紧、能压则压的原则审核安排。地方财政也要进一步压减一般性支出，把更多宝贵的财政资源腾出来，用于改善基本民生和支持市场主体发展。

八是更加突出绩效导向。进一步完善财政资金直达机制，使资金管得严、放得活、用得准，力求"精准滴灌"到需求终端。加快建立全方位、全过程、全覆盖的预算绩效管理体系，将绩效管理实质性嵌入预算管理流程，强化绩效目标管理，提高绩效评价质量，加强绩效结果应用，把有限的财政资金用好、用到位。同时，促进财政、货币政策同就业、产业、区域等政策形成集成效应。

总之，2021年的财政政策将更加强调提质增效及可持续性。一般公共预算安排赤字规模是3.57万亿元，赤字率拟按3.2%左右安排（为2019年2.8%和2020年3.6%的折中）。虽然不再发行抗疫国债，赤字率下调至3.2%，但财政直达资金增加8000亿元至2.8万亿元，地方政府专项债安排3.65万亿元，仅略低于2020年1000亿元，明显高于2019年。减税方面，继续执行制度性减税的基础上，实施新的结构性减税，将小规模纳税人增值税起征点从月销售额10万元提高至15万元，对小微企业和个体工商户年应纳税所得额不到100万元部分，在现行优惠政策基础上，再减半征收所得税。

（二）2021年财政政策调整预留了较大弹性空间，广义赤字规模虽然小于2020年预算，但是大于2020年决算，也显著高于往年

中央经济工作会议和《预算报告》均强调了财政政策要保持连续性、稳定性，保持对经济恢复的必要支持力度，兼顾稳增长和防风险需要，合理安排赤字、债务、支出规模，不急转弯，把握好时、度、效。总体看来，由于2020年中国经济从新冠肺炎疫情中超预期的恢复，2021年财政政策在财政赤字、支出和收入端，均体现了以积极姿态向常态回归，而回归常态的特点之一就是节奏后移。

2020年广义赤字实际上合计仅使用了8.72万亿元（约为预算安排的78%），比预算安排的广义赤字少了2.50万亿元。2020年由于新冠肺炎疫情冲击，财政所预设的支持力度史无前例，广义预算赤字安排规模高达11.20万亿元，包括一般公共预算赤字3.76万亿元、地方专项债3.75万亿元、一般公共预算中的调入资金及使用结转结余2.70万亿元、特别国债1万亿元。但是，由于中国经济超预期复苏，2020年一般公共预算和政府性基金预算实际收入均高于预算收入，尤其是政府性基金收入比预算高出1.20万亿元；同时一般公共预算、政府性基金预算和国有资本经营预算的实际支出均低于预算支出，尤其是政府性基金支出比预算少了0.80万亿元。也就是说，2020年仅政府性基金所使用的赤字就比预算少了2万亿元。

对比可见，2021年广义预算赤字规模虽比2020年广义预算赤字减少2.30万亿元，但是比2020年广义实际赤字不降反增了2000亿元。具体来说，2021年的广义预算赤字安排合计为8.90万亿元，包括一般公共预算赤字3.57万亿元、地方专项债3.65万亿元、一般公共预算中的调入资金及使用结转结余1.68万亿元。其中，预算减少的部分，主要是特别国债不再发行而减少1万亿元，以及一般公共预算中的调入资金及使用结转结余（可理解为跨周期调节的"蓄水池"）减少约1万亿元，但在一般公共预算赤字和地方专项债上仅有略微下调。

从支出的主要变动情况看：2021年全国一般公共预算支出

第四章 2021年支撑中国宏观经济运行的政策性力量

	2020年	2021年
一般公共预算	3.76	3.57
地方专项债	3.75	3.65
调入、结转资金	2.70	1.68
特别国债	1	—

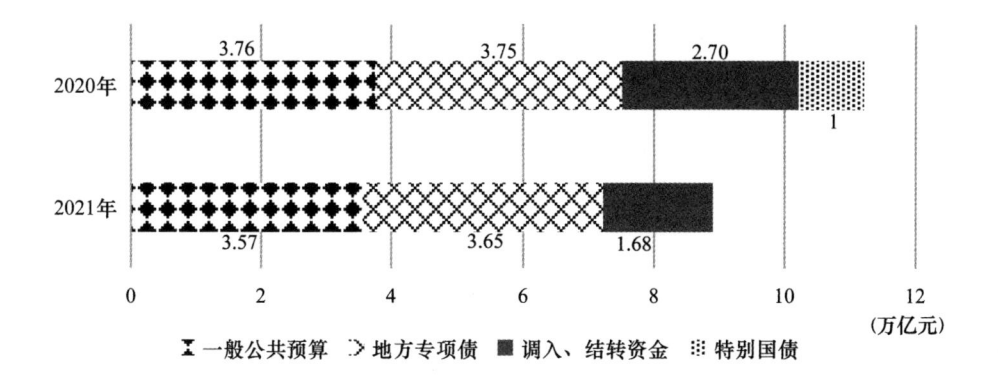

图4—3　2020年和2021年财政预算赤字安排对比

250120亿元，增长1.8%。其中，中央一般公共预算本级支出35015亿元，下降0.2%，连续两年负增长，主要是为增加对地方的财力支持，中央政府带头过紧日子，大力压减本级支出，增加对地方转移支付。地方一般公共预算支出214605亿元，增长1.9%。2021年，全国政府性基金预算支出131266亿元，增长11.2%。其中，地方政府性基金预算支出127940亿元，增长11%。

	2020年	2021年
一般公共预算支出（中央）	3.5	3.5015
一般公共预算支出（地方）	21	21.4605
政府性基金预算支出（中央）	0.27	0.33
政府性基金预算支出（地方）	11.5	12.8

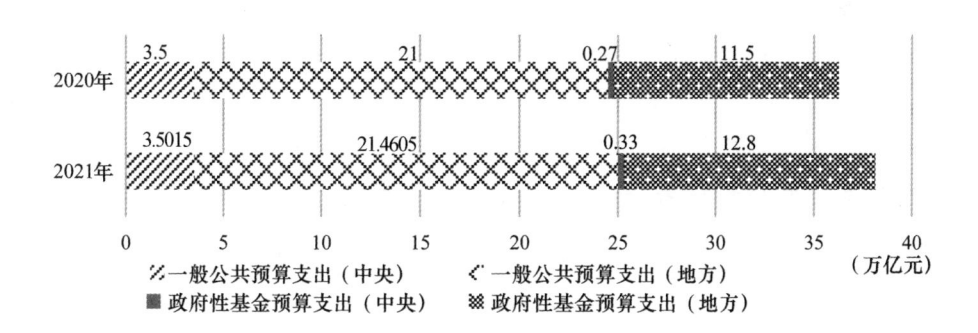

图4—4　2020年和2021年财政预算支出安排对比

注：2020年为决算数据，2021年为预算数据。

从收入的主要变动情况看：2021年全国一般公共预算收入197650亿元，增长8.1%。加上调入资金及使用结转结余16770亿元，收入总量为214420亿元。中央一般公共预算收入89450亿元，比2020年执行数增长8.1%。加上从中央预算稳定调节基金调入950亿元，从中央政府性基金预算、中央国有资本经营预算调入985亿元，收入总量为91385亿元。地方一般公共预算本级收入108200亿元，增长8.1%。加上中央对地方转移支付收入83370亿元、地方财政调入资金及使用结转结余14835亿元，收入总量为206405亿元。

2021年全国政府性基金预算收入94527亿元，增长1.1%。加上上年结转收入240亿元和地方政府专项债务收入36500亿元，全国政府性基金收入总量为131267亿元。中央政府性基金预算收入3821亿元，增长7.3%。加上上年结转收入240亿元，收入总量为4061亿元。地方政府性基金预算本级收入90706亿元，增长0.9%，其中，国有土地使用权出让收入84143亿元，与上年基本持平。加上中央政府性基金预算对地方转移支付收入734亿元、地方政府专项债务收入36500亿元，地方政府性基金收入总量为127940亿元。

（三）充分有效落实2021年财政政策安排，其经济增长拉动效应依然强劲

2021年财政政策效应的充分释放，可以拉动名义GDP增长3.2%左右。首先，利用经典的财政乘数理论测算扩大本年度财政支出对GDP增长的拉动作用，发现其增长拉动效应可以达到2.7%；其次，

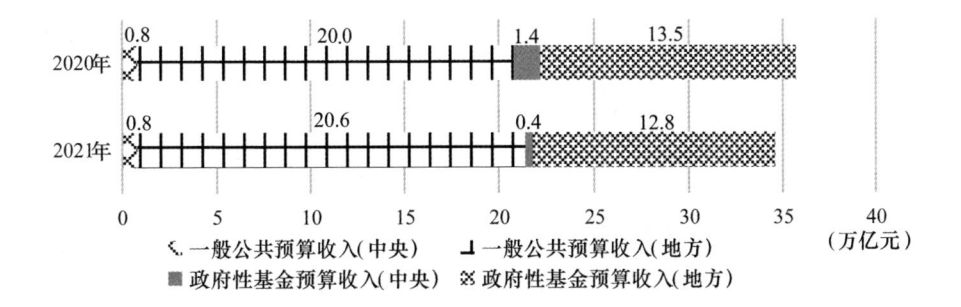

图 4—5　2020 年和 2021 年财政预算收入安排对比

注：2020 年为决算数据，2021 年为预算数据，图为保留 1 位小数点后的数值。

测算财政收入端的重头戏"减税降费"政策对经济增长的促进作用，显示其增长拉动效应可以达到 0.5% 左右；最后，具体分析专项债对基建投资的增长拉动效应，显示其最多可拉动 5 万亿元左右的基建投资，但实际效果推延显现。与 2020 年相比，2021 年财政政策以积极姿态向常态回归，而回归常态的特点之一就是节奏后移。

首先，全年来看，财政支出具有较强的经济增长效应。传统的凯恩斯理论认为，政府支出对 GDP 的拉动作用大于 1，即政府支出增加 1 元，GDP 提高大于 1 元，[①]因此，政府支出能够有效地拉动经济增长。近年来的研究对凯恩斯理论进一步深入和细化，特别是对政府财政支出做出了更加细致的分类，并且分别讨论了各类支出对经济增长的促进作用。本书根据最新的研究成果，对财政支出进行分类并按照比重计算了新的财政乘数，而后根据新的财政乘数计算财政政策对经

---

① 凯恩斯理论中的财政支出乘数为 $1/(1-MPC)$，MPC 为居民的边际消费倾向。

济增长的促进效应。李戎和田晓晖将政府支出分为消费性支出、投资性支出和民生性支出三类,他们发现不同类型的政府支出对经济增长的拉动作用是不同的,其中政府民生性支出对居民消费的促进最为明显,当期乘数为2.069,五年期乘数为1.594。其次是政府投资性支出,当期乘数为0.819,五年期乘数为1.204。最后是政府消费性支出,当期乘数为0.595,五年期乘数为0.438。若乘数小于1则说明1元财政支出对GDP的贡献小于1元,这意味着政府消费性支出对GDP不仅没有促进作用反而可能会减小GDP。因此,从财政支出结构的角度重新审视并计算财政支出乘数是更加合理和精确的做法。

表4—1　　　　　　　　政府财政支出与财政乘数

	当期乘数	五年期乘数
政府消费性支出	0.595	0.438
政府投资性支出	0.819	1.204
政府民生性支出	2.069	1.594

资料来源:李戎、田晓晖:《财政支出类型、结构性财政政策与积极财政政策提质增效》,《中国工业经济》2021年第2期。

本书将考虑了财政支出结构的财政支出乘数称为复合财政支出乘数。为了计算复合财政支出乘数,需要得到当年财政支出的结构。由于《预算报告》没有详细披露具体的支出结构,本书使用已经披露的最近一期(2019年)财政支出结构作为参考。将一般公共预算支出的各类项目分为消费性支出和民生性支出,将政府性基金支出列为投资性支出。①

表4—2　　　　　　　2019年中国广义财政支出分类

	金额（亿元）	分类
一般公共服务支出	20344.66	消费性支出
外交支出	617.50	消费性支出
国防支出	12122.10	消费性支出
公共安全支出	13901.93	消费性支出
教育支出	34796.94	民生性支出
科学技术支出	9470.79	民生性支出
文化体育与传媒支出	4086.31	民生性支出
社会保障和就业支出	29379.08	民生性支出
医疗卫生支出	16665.34	民生性支出
环境保护支出	7390.20	民生性支出
城乡社区事务支出	24895.24	民生性支出
农林水事务支出	22862.80	民生性支出
交通运输支出	11817.55	民生性支出
其他支出	1748.79	消费性支出
政府性基金预算支出	91364.80	投资性支出

根据广义财政支出分类结果和各类政府支出的乘数，可以估算出2021年中国符合财政支出乘数（见表4—3）。可以看到中国财政支出中的民生性支出份额最大，为53.5%。其次是投资性支出，占比30.3%，最后是消费性支出，占比16.2%。当期复合财政支出乘数为1.452，五年期复合财政支出乘数为1.289。《预算报告》披露的2021

---

① 具体分类见表4—2。

年一般公共预算支出为25万亿元，增长1.8%，政府性基金预算支出为13万亿元，增长11.2%，统合二者可以得到广义财政支出的增长率约为5.0%，增加1.86万亿元。从2021年积极财政政策角度结合复合财政支出乘数，可以估算出拉动GDP增长约2.7万亿元，使GDP增长率提高约2.7%，对五年期GDP的拉动作用约为2.4万亿元。

表4—3　　　　　　2021年中国复合财政支出乘数估算结果

	比重	当期乘数	五年期乘数	当期复合乘数	五年期复合乘数
消费性支出	16.2%	0.595	0.438	1.452	1.289
投资性支出	30.3%	0.819	1.204		
民生性支出	53.5%	2.069	1.594		

同时，减税降费政策仍将发挥显著的经济增长效应。减税降费政策是近年来中国应对经济下行压力提出的重要政策之一。2016—2020年中国新增的减税降费总规模为7.6万亿元，几乎相当于河北和福建一年GDP总量的和。其中仅2019年，中国新增减税降费就有2.36万亿元，占当年GDP的比重超过2%，拉动全年GDP增长约0.8个百分点。根据2021年3月31日国务院常务会议披露的信息，2021年新增减税降费政策加上已出台税收优惠政策，预计2021年全年新增减税超过5500亿元。[①]据此推算，2021年新增减税降费能够拉动GDP增长

---

① http://www.gov.cn/xinwen/2021-04/01/content_5597309.htm.

约 0.2 个百分点；考虑到前期政策效果的逐步释放，减税降费政策对 2021 年的经济增长促进有望再提高 0.28 个到 0.38 个百分点①；两者合计约 0.5 个到 0.6 个百分点。

最后，专项债撬动效应分析显示，最多可拉动 5.1 万亿元基建投资，其实际效果可能推延显现。伴随经济逐步修复，2021 年规模性财政政策有所收缩，但积极财政政策基调仍未改变，专项债作为基础设施建设的重要资金来源，仍然是新冠肺炎疫情后复苏时期扩大有效投资、补齐发展短板、稳定经济增长的重要着力点，新增额度仍维持高位。由于受提前额度下达较晚、项目审核力度趋严等影响，2021 年新增专项债发行进度滞后，整体节奏将向下半年倾斜。结合目前已下达的全年专项债新增额度及投向，全年或有 3 万亿元专项债投向基建领域，理论上最多可拉动基建投资 5.1 万亿元。具体估算如下：首先，计算全年可能投向基建领域的专项债资金。结合目前专项债发行情况，棚改类专项债占较高比例，若年内棚改专项债发行需求仍较高，假设略高于 2020 年或与 2020 年基本持平，除去可能的棚改专项债（4000 亿—5000 亿元）后，剩余资金约 3 万亿元主要投向基建。②其次，分别估算专项债作为项目资本金及配套融资对基建投资的撬动效应。伴随后续新增专项债加速发行，专项债用作项目资本金比例或

---

① 田志伟、王再堂：《增值税改革的财政经济效应研究》，《税务研究》2020 年第 7 期；"中国季度宏观经济模型（CQMM）"课题组：《大规模减税降费政策的宏观经济效应模拟——2019—2020 年中国宏观经济再展望》，《厦门大学学报》（哲学社会科学版）2019 年第 6 期。

② 棚户区改造属于房地产行业，不纳入基建领域估算范围。

有一定提升，若按专项债作项目资本金比例20%估算，用作资本金的专项债规模约6000亿元，用作项目配套融资的专项债规模约2.4万亿元，结合目前资本金项目中资本金比例均值约55%，对应撬动杠杆为1.82倍，或撬动基建投资1.1万亿元；从专项债作为项目配套融资看，目前此类项目配套融资比例均值约60%，对基建的撬动乘数约为1.67倍，对应能撬动基建投资4.0万亿元。总体而言，若2021年有3万亿元新增专项债投向基建领域，理论上或可拉动基建投资约5.1万亿元。

表4—4 2021年专项债对基建投资的撬动效应估算

	专项债作为项目资本金	专项债作为项目配套融资	全年合计
投入基建领域的专项债规模	0.60万亿元	2.40万亿元	约3.00万亿元
项目资本金或配套融资情况	项目资本金比例均值约55%	项目配套融资比例均值约60%	—
撬动杠杆	1.82倍	1.67倍	—
基建投资撬动规模	1.10万亿元	4.00万亿元	5.10万亿元

由于专项债发行向2021年下半年倾斜，基建撬动效果或推延至2021年第三季度显现。目前新增专项债发行进度整体偏慢，结合财政部已下达的3.4676万亿元新增专项债额度估算，年内仍余约2.9万亿元新增专项债待发行，对全年基建投资的传导效应或将于第三季度逐步显现。从后续发行节奏看，相较于2019—2020年年初启动新

增专项债发行、9—10月完成全年新增额度发行的情况,在维稳市场流动性需求下,2021年新增专项债发行节奏或有所平滑,发行工作或持续至第四季度末,但由于11—12月天气寒冷部分基建项目不适宜开工等因素,大概率于6—10月迎来新增专项债发行高峰。若按新增额度全部完成发行估算,假设11—12月新增专项债发行规模与3—4月相当,6—10月平均需发行新增专项债超5000亿元。同时,考虑到从专项债完成发行到形成实物工作量再到拉动基建投资的耗时链条较长,专项债对基建投资的拉动或有一定滞后,若专项债如期于下半年加速发行,那么基建投资撬动效应大概率于第三季度逐步显现。

三 货币政策回归稳健中性,政策重点转向防范化解金融风险,维持市场流动性合理充裕,将是未来一段时期内的政策平衡点

自2020年第三季度以来,货币政策进行了边际调整,数量上的收缩和价格的上调反映了政府对金融风险的高度关注。一方面是经济复苏下企业融资需求上升,另一方面是债务高企下的滚动压力和违约风险显化。兼顾稳增长与防风险,2021年稳健的货币政策定位考虑融资成本下降与数量收缩相组合的模式,维持市场流动性合理充裕,将是未来一段时期的政策平衡点。

(一) 2021年上半年,货币政策回归稳健,信用规模收紧

自2020年第三季度以来,货币政策进行边际调整,基础货币供

应量和广义货币供应量明显减速，社会融资规模存量和流量增速显著低于2020年第四季度。2021年5月，M2同比增长8.3%，较2020年12月回落1.8个百分点，较2019年同期降低0.2个百分点，显示货币政策明显收紧。2021年5月，社会融资规模存量同比增长11.0%，较2020年12月回落2.3个百分点，与2019年同期持平。2021年前5个月，社会融资规模增量为14万亿元，较2020年同期少3.4万亿元。

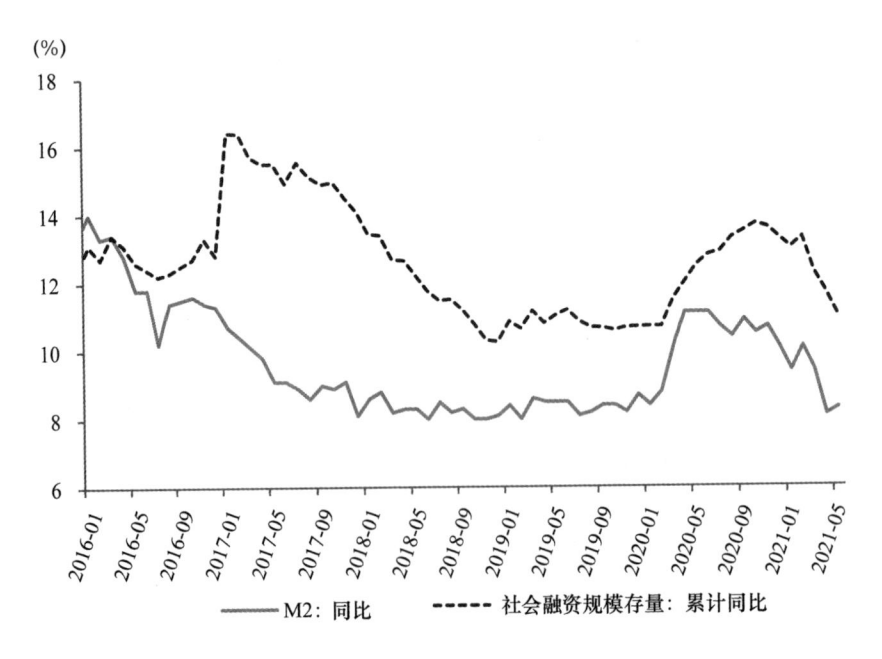

图4—6　2016年1月—2021年5月货币政策变化情况

从基础货币发行看，5月，M0同比增长5.6%，回归2019年年底的增速；M1同比增长6.1%，自2021年年初以来持续较快回落，回归2020年同期水平。M0和M1同比增速的明显回落，反映了央行有意收紧货币投放力度，并根据市场反应不断调整。

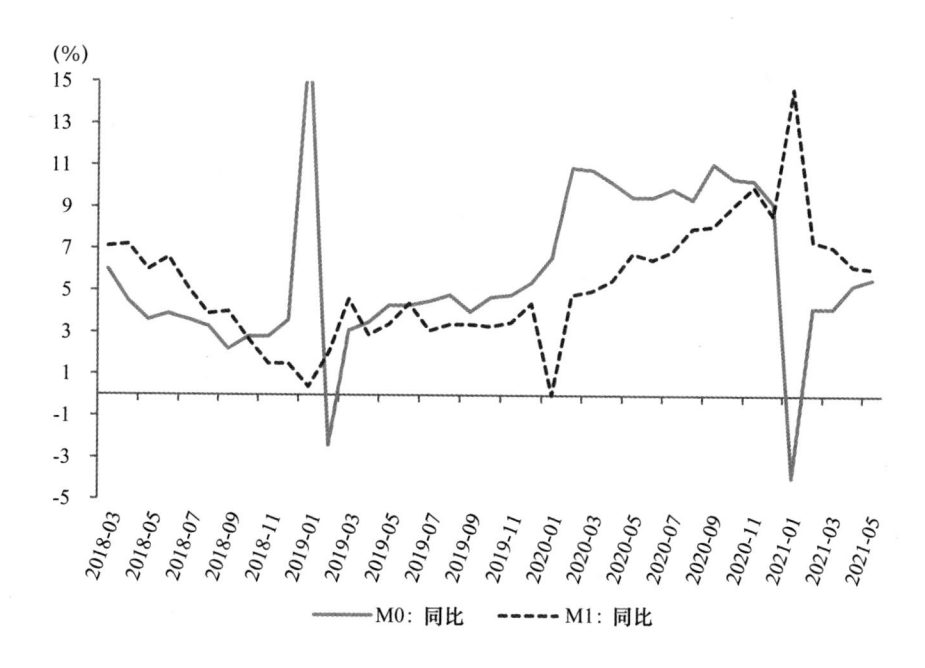

图4—7　2018年3月—2021年5月基础货币供应量变化情况

从社会融资结构看，信用市场融资条件明显趋紧，债券融资转向贷款融资。2021年1—5月，企业债券净融资10787亿元，同比减少18986亿元；政府债券净融资17024亿元，同比减少13476亿元，这与2020年的扩张形成鲜明对比。由于债券市场融资受限，新增人民币贷款规模小幅扩张为106246亿元，同比增加2004亿元，难抵债券市场的紧缩效应。

在经济复苏、企业贷款需求回升的背景下，需要科学把握货币政

(亿元)

图中数据：
- 新增人民币贷款：2020年1—5月 104242，2021年1—5月 106246
- 企业债券融资：2020年1—5月 29773，2021年1—5月 10787
- 政府债券：2020年1—5月 30500，2021年1—5月 17024

■ 2020年1—5月　▨ 2021年1—5月

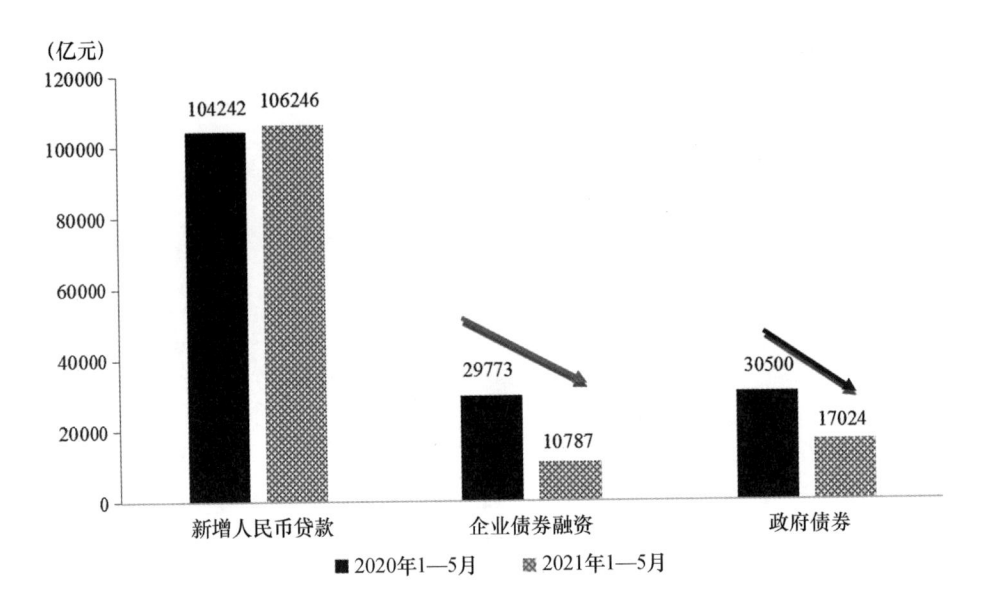

图4—8　2021年信用市场条件收紧

策节奏的匹配性，支撑企业投资需求的复苏。随着企业投资需求的复苏以及集中还本付息压力的到来，大型、中型、小型企业的贷款需求全面回升，第一季度分别达到63.8%、66.8%、76.5%，处于近年来同期的高位。

（二）货币市场利率、贷款利率保持稳定，流动性合理充裕

2021年年初以来，上海银行间同业拆放利率（SHIBOR）总体保持平稳。5月，隔夜利率平均为2.0%，3个月期平均利率为2.5%，10年期中债国债到期收益率为3.1%，较2020年第四季度回落，与2020年第三季度持平。货币市场利率由此前的快速回升转为平稳运行、稳中有降，表明市场流动性合理充裕，为经济复苏提供了较有利

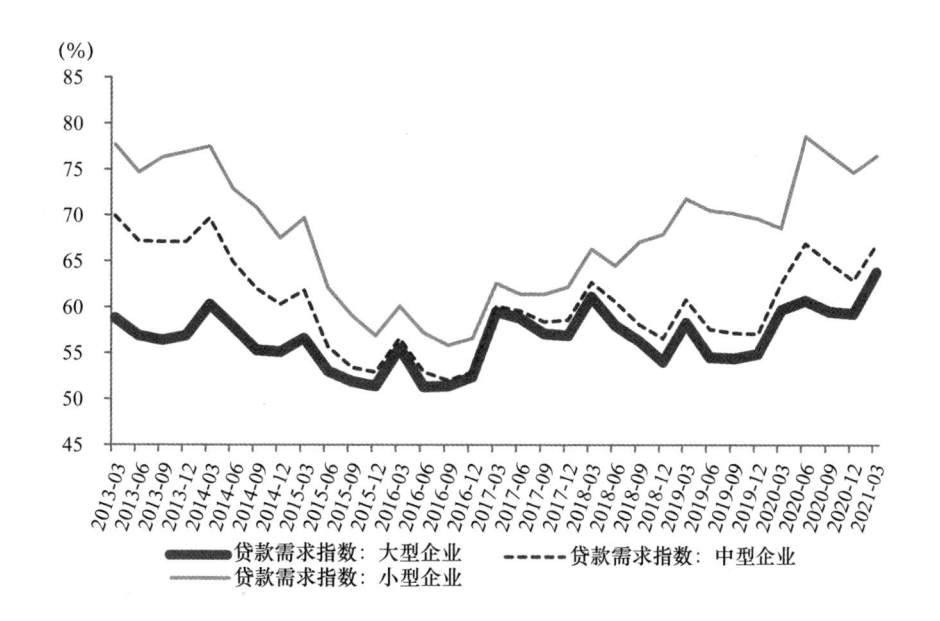

图4—9 2013年3月—2021年3月大中小型企业贷款需求走势

的环境。2021年6月,贷款基础利率(LPR)为3.85%,自2020年上半年下调0.3个百分点后连续16个月维持不变。第一季度,金融机构人民币贷款加权平均利率为5.1%,连续5个季度维持在5.1%左右;其中一般贷款利率为5.3%,持续保持平稳。

(三)防范化解金融风险成为2021年货币政策的关注重点,主要针对债务高企和金融风险滞后显现问题

近年来,中国持续推进供给侧结构性改革,防范化解金融风险,加强资产负债表的稳健性,提高了风险抵御能力。新冠肺炎疫情的暴发加剧了市场主体的脆弱性,为应对疫情冲击,中国及时采取了很多

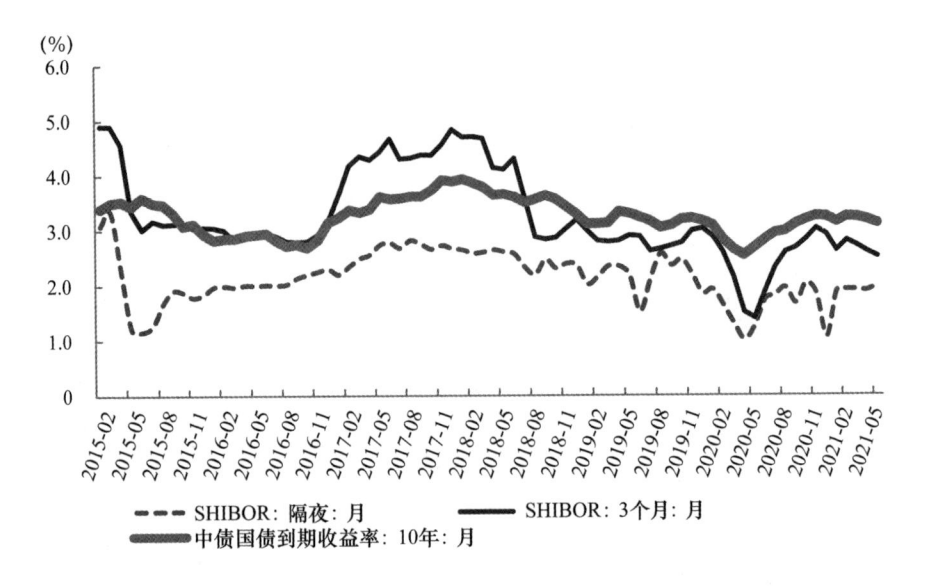

图4—10　2015年2月—2021年5月中国银行间市场利率走势

特别举措，这使得金融风险延后加速累积。2020年中国社会融资规模余额占GDP的比重迅速攀升，达到280.3%，较2019年提高25.6个百分点。其中，企业、居民、政府债务均有明显提高，实体经济部门杠杆率提高了23.6个百分点；同时，商业银行杠杆率也呈现上升趋势。短期内债务较快上升可能导致金融运转效率出现重大风险隐患，由此带来国民经济运行阻力。为此，随着国民经济复苏，自2020年第三季度起，货币金融政策已经开始有意调整，使得各类杠杆率指标上升势头得到逆转，2021年第一季度，无论是社会融资规模余额占GDP的比重，还是实体经济部门杠杆率和商业银行杠杆率，都较2020年第四季度有所下降，代价是社会融资规模相对下降更多。

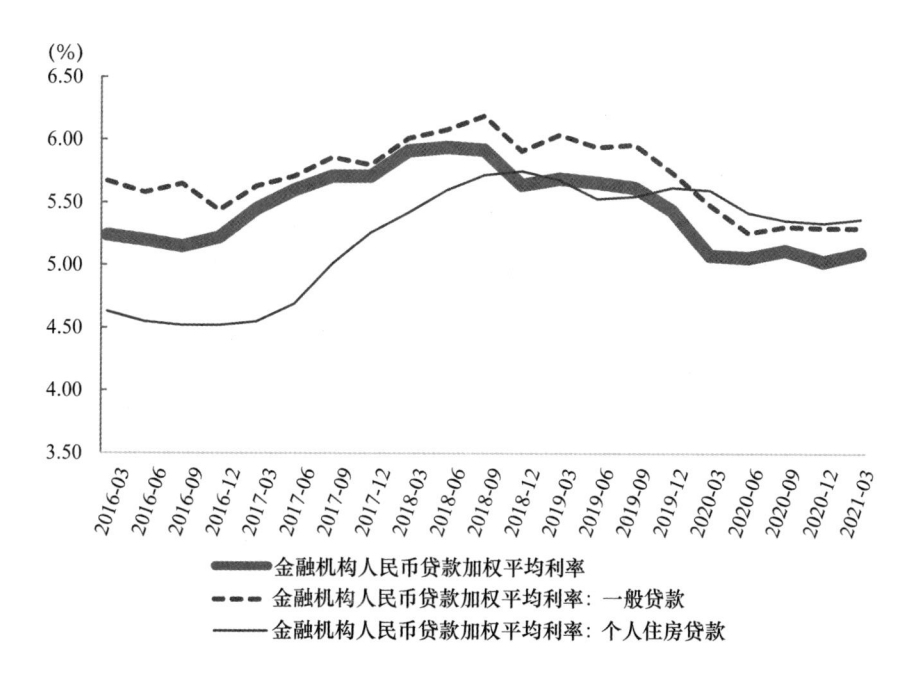

图4—11 2016年3月—2021年3月金融机构贷款利率走势

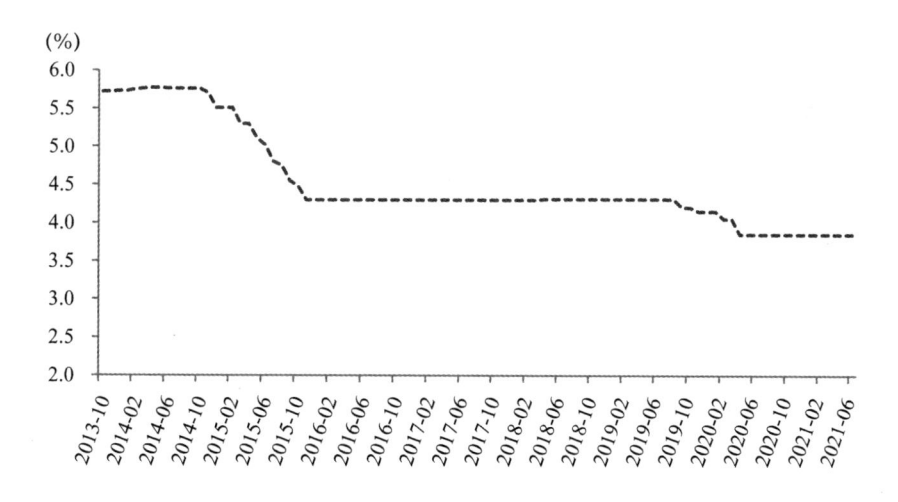

图4—12 2013年10月—2021年6月贷款基础利率变化情况

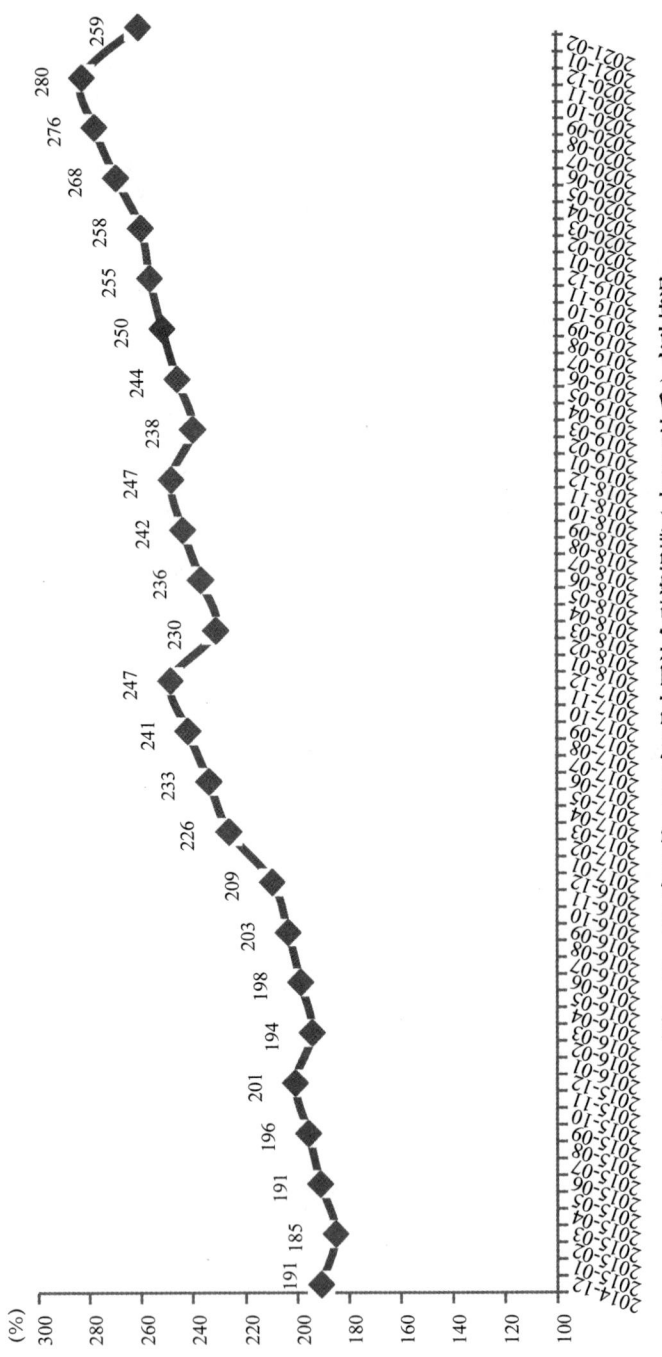

图4—13 2014年12月—2021年2月中国社会融资规模（占GDP比重）变动情况

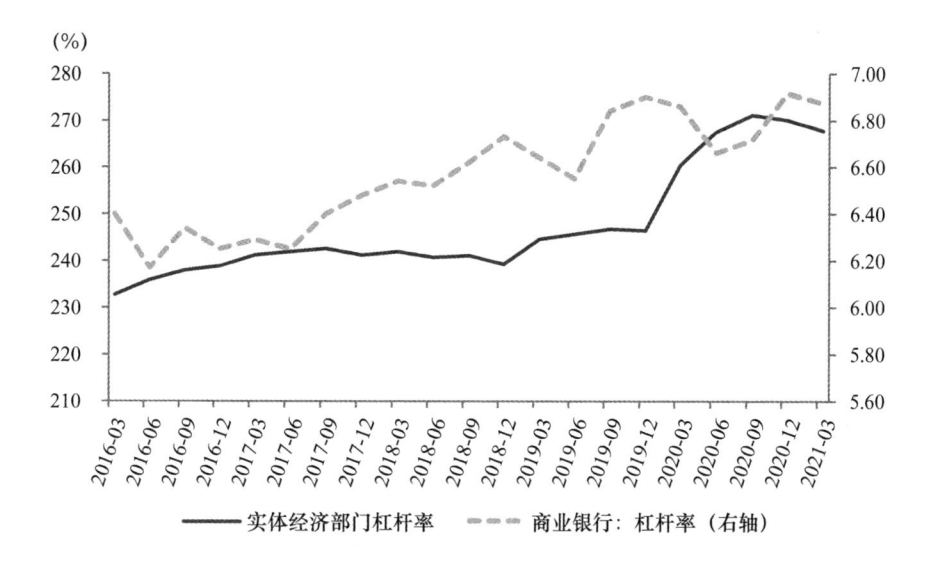

图4—14　2016年3月—2021年3月中国实体经济和商业银行杠杆率变动情况

目前，中国宏观经济运行尚未彻底摆脱新冠肺炎疫情影响，各类微观市场主体绩效还在恢复之中。在加速恢复的过程中，经济发展的内外部环境的不确定性较大，局部性、区域性金融风险可能显露。特别是在货币信贷政策正常化的过程中，随着偿债高峰期的到来，违约风险可能会集中暴露。一方面，海外新冠肺炎疫情和美联储的政策风险，可能使得全球经济复苏进程再次受阻；另一方面，中国在新冠肺炎疫情期间出台的部分特殊性支持政策将逐步退出，局部风险可能也会显现。总体来说，未来一段时期，中国局部性金融风险处于易发高发状态，值得高度重视。

一是债务集中到期偿付的风险。2020年为应对新冠肺炎疫情冲击，支持企业运转和经济复苏，保持相对宽松的货币政策，信贷融资出现较快增长，包括新增人民币贷款规模、企业债券融资规模、政府债券发行规模都显著高于往年。2021年，债务还本付息的压力加大，尤其是随着宽松政策逐步退出，金融条件收紧，企业再融资压力加大，可能会出现流动性风险和信贷违约现象。目前的政策应对主要是延期还本付息。2020年已累计对6.6万亿元贷款实施延期还本付息，向实体经济让利1.5万亿元，2021年根据国务院常务会议议定事项和中国人民银行等5个部门发布的最新通知，将进一步延长普惠小微企业贷款延期还本付息政策和信用贷款支持政策至2021年年底。延期还本付息可以在一定程度上减轻企业的财务压力，为企业争取一定的时间窗口，但是并没有改变各类市场主体的资产负债表，从根本上还是取决于企业绩效的改善幅度和改善节奏。

二是大中型企业债券违约引发信用市场动荡的风险。目前，市场信心仍处于恢复阶段。一方面，随着信用条件收紧，企业债券再融资难度加大，容易出现流动性风险问题，另一方面，由于历史债务积累，部分大中型企业债券兑付违约可能引发市场动荡，加剧信用条件收缩，形成恶性循环。2020年第四季度以来，华晨汽车集团控股有限公司、永城煤电控股集团有限公司、紫光集团有限公司等一些高评级国企债券发生违约，引发信用市场动荡，导致同行业或同地区的债券价格下跌，大量债券取消发行。2021年第一季度，企业债券净融资8614亿元，同比减少9178亿元。2021年4月，中国华融资产管理股份有限公司宣布延迟发布年报，一度引发市场风波，其海外发行的多支债券价格暴跌。这在很大程度上显示了当前信用市场信心的脆弱性，需平稳处置大中型企业债务风险。同时，随着近几年严控房地产市场泡沫和涉房贷款，房地产开发企业资金链紧张，未来一段时期内债务违约也处于易发、高发状态。

三是地方政府财政"紧平衡"下的城投企业信用违约风险。近年来，中国地方政府隐性债务增量风险得到基本控制，正在积极有序化解存量风险。随着土地财政转型和经济增速放缓，地方财政收支矛盾加剧，加上新冠肺炎疫情冲击下广义财政收入下滑、支出增加，地方财政收支缺口扩大，而且开始进入地方政府债券集中兑付期。在此背景下，地方政府信用分化加剧，城投企业信用风险事件频发，特别是部分省市的城投债规模及到期压力与当地政府债务率及财政收支压力高度重合，意味其城投债发生违约风险较高，地方政府资源周转或提供救助的能力有限。

四是金融机构不良资产逐步显化的风险。近年来，中国持续加强宏观审慎监管、打击金融违法犯罪行为、加强处置银行不良资产，金融体系风险发散势头得到有效遏制，脱实向虚、盲目扩张趋势得到根本扭转，一批重大风险隐患"精准拆除"，守住了不发生系统性风险的底线。但在此过程中，金融机构不良资产逐步显化，并在新冠肺炎疫情冲击中有所上扬。过去几年，中国加强了对银行业不良资产的认定和处置力度，2017—2020年累计处置不良贷款8.8万亿元，超过之前12年总和，其中2020年处置不良资产3.02万亿元。截至2021年第一季度末，银行业不良贷款余额3.6万亿元，较2021年年初增加1183亿元，不良贷款率约为1.9%。其中，城市商业银行、民营银行、农村商业银行不良贷款率上升幅度明显，农村商业银行不良率达到4%左右,加上其信贷主体在新冠肺炎疫情中所受冲击较大,随着不良贷款的逐步显化,面临的风险敞口较大。

五是海外金融资产泡沫破裂的输入型风险。在超低利率和超级宽松货币政策的刺激作用下,全球金融市场资产价格不仅得到了超级修复,而且资产价格的上涨与实体经济的修复存在高度不对称性,资产泡沫问题已经非常严重。新冠肺炎疫情期间发达国家实施了空前积极的财政政策和极度宽松的货币政策,尤其是美元政策具有极强的外溢效应。2020年年初至今,美国联邦政府债务从23万亿美元大幅增加到28万亿美元,相对GDP的比例从108%大幅上升至133%,创历史纪录。美联储大幅降息1.5个百分点至0—0.25%,并采取新一轮量化宽松政策,资产负债表从近4万亿美元急剧膨胀到近8万亿美元,扩张了约1倍。超低利率和资产购买暂时减缓了美国财政付息的压力,同时也严重刺激了美国金融市场,股价持续上涨,严重脱离实体经济。同时,各国债务尤其是政府债务的膨胀,滚动管理的压力显著加大,在目前低利率环境下构成脆弱平衡。美联储政策转向或市场风险偏好发生逆转,可能触发金融资产泡沫破灭,进而对中国资本市场造成冲击。

(四)在"房住不炒"的基本定位下,房价持续温和上涨,这从另一个方面制约了货币政策空间

2021年5月,中国百城样本住宅平均价格突破1.6万元/平方米,达16006元/平方米,同比上涨4.08%,环比上涨0.34%。从70个大中城市新建商品住宅价格指数的走势看，5月，房价同比上涨4.5%，环比上涨0.5%，一线、二线、三线城市同比涨幅分别为6.0%、5.0%、3.8%，环比分别上涨0.7%、0.6%、0.4%，在房价总体上升的基本趋势下，热点城市房价上涨较快。

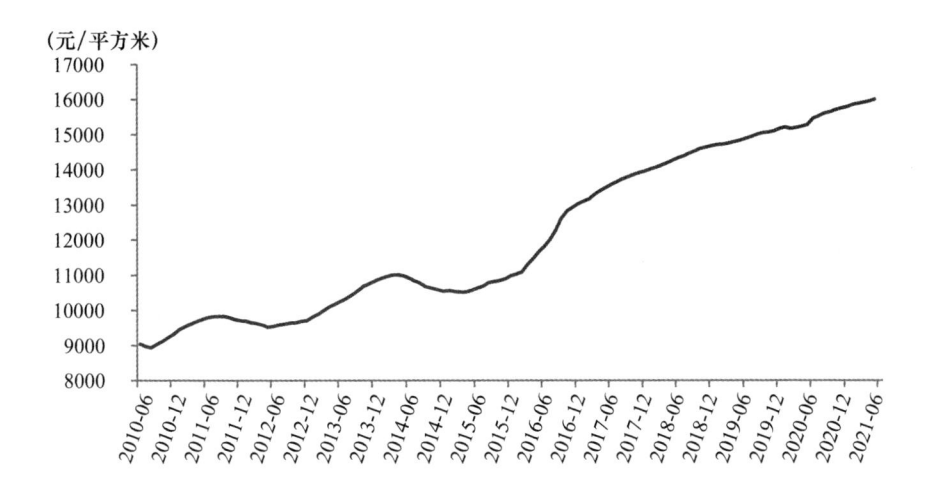

图4—15　2010年6月—2021年6月中国百城住宅价格指数温和上涨趋势

在从根本上找到解决房价高企的办法之前，房价的较快上涨将持续对货币政策形成制约，使得货币政策无法充分对总需求不足进行逆周期调节。事实上，近年来，货币政策不断通过结构性政策，加强控制人民币贷款投向房地产领域，房地产开发贷款占国内贷款的比重从2013年的22%持续下降至2021年的10%左右；但相应地，房地产企业则通过收取定金及预收款、个人按揭贷款、自筹资金等方式来补充资金来源，与其本身的贷款走势分离。当然，自2017年以来，房地产开发资金占社会融资总额的比重也呈现明显的下行趋势。

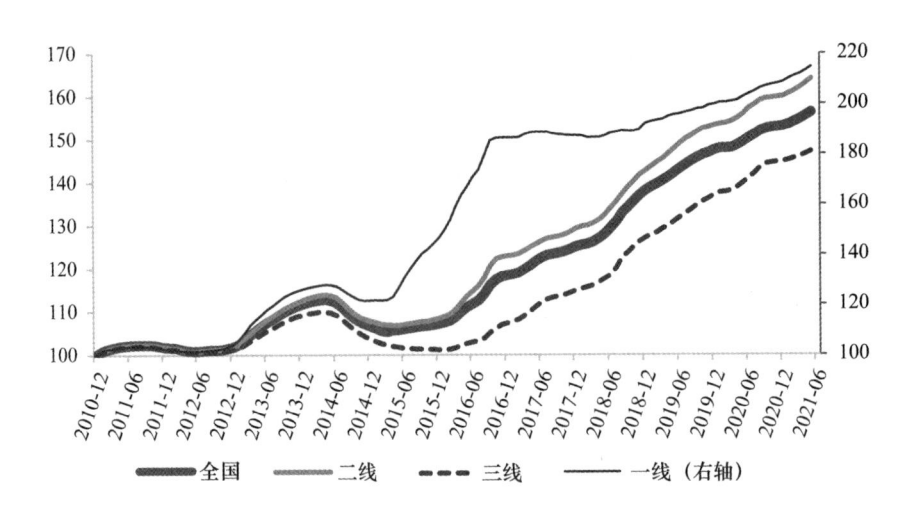

图4—16 2010年12月—2021年6月不同层级城市新建商品住宅价格指数走势情况

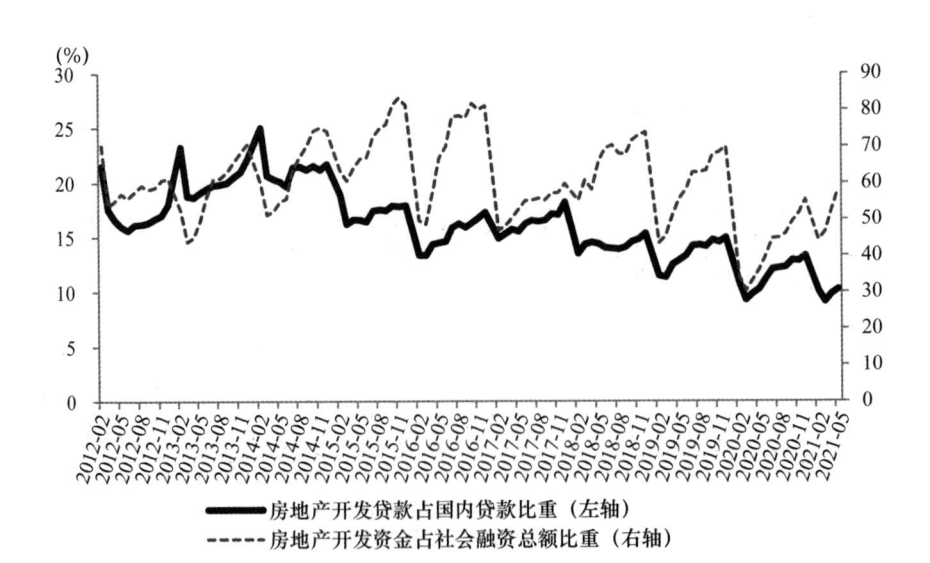

图4—17 2012年2月—2021年5月房地产开发贷款和资金变化情况

四 "十四五"规划的实施和项目布局、构建"双循环"新发展格局所带来的战略转换效应,将提供越来越大的政策支撑力量

2021年是"十四五"规划通过和实施的第一年,迈向"以国内大循环为主体、国内国际双循环相互促进的新发展格局"决定了战略转型和战略替换将是2021年经济运行的核心主题。战略转型和战略替换带来的科技创新自立自强的布局、产业链供应链的安全性布局、国内大循环的畅通与短板的补足、扩大内需战略层面的启动等举措不仅将引发2021年经济主体预期的改变,同时也将替代非常规刺激政策成为需求扩张的基础力量。

专栏1   "十四五"时期经济社会发展主要指标

	指标	2020年	2025年	年均/累计	属性
经济发展	1. 国内生产总值(GDP)增长(%)	2.3	—	保持在合理区间、各年度视情提出	预期性
	2. 全员劳动生产率增长(%)	2.5	—	高于GDP增长	预期性
	3. 常住人口城镇化率(%)	60.6*	65	—	预期性
创新驱动	4. 全社会研发经费投入增长(%)	—	—	>7,力争投入强度高于"十三五"时期实际	
	5. 每万人口高价值发明专利拥有量(件)	6.3	12	—	预期性
	6. 数字经济核心产业增加值占GDP比重(%)	7.8	10	—	预期性

续表

	指标	2020年	2025年	年均/累计	属性
民生福祉	7. 居民人均可支配收入增长（%）	2.1	—	与GDP增长基本同步	预期性
	8. 城镇调查失业率（%）	5.2	—	<5.5	预期性
	9. 劳动年龄人口平均受教育年限（年）	10.8	11.3		预期性
	10. 每千人口拥有执业（助理）医师数（人）	2.9	3.2		预期性
	11. 基本养老保险参保率（%）	91	95	—	预期性
	12. 每千人口拥有3岁以下婴幼儿托位数（个）	1.8	4.5	—	预期性
	13. 人均预期寿命（岁）	77.3*		（1）	预期性
绿色生态	14. 单位GDP能源消耗降低（%）	—	—	（13.5）	约束性
	15. 单位GDP二氧化碳排放降低（%）	—	—	（18）	约束性
	16. 地级及以上城市空气质量优良天数比率（%）	87	87.5	—	约束性
	17. 地表水达到或好于Ⅲ类水体比例（%）	83.4	85	—	约束性
	18. 森林覆盖率（%）	23.2*	24.1	—	约束性
安全保障	19. 粮食综合生产能力（亿吨）	—	>6.5		约束性
	20. 能源综合生产能力（亿吨标准煤）	—	>46		约束性

注：①"（　）"内为5年累计数。②带*的为2019年数据。③能源综合生产能力指煤炭、石油、天然气、非化石能源生产能力之和。④2020年地级及以上城市空气质量优良天数比率和地表水达到或好于Ⅲ类水体比例指标值受新冠肺炎疫情等因素影响，明显高于正常年份。⑤2020年全员劳动生产率增长2.5%为预计数。

（一）进入创新型国家前列的远景目标，意味着持续加大研发投入，提高创新能力

根据2020年世界知识产权组织公布的各国创新指数，中国目前位列全球第14位，如果将创新型国家前列界定为创新指数前10位国家，这将意味着中国的研发强度要达到前10名的水平，未来研发强

度将从2020年的2.2%上升到2035年的3.34%，按照2020年不变价计算，则研发支出总规模将达到7.0万亿元，这就要求未来15年研发支出每年增加8.0%左右。

（二）在关键核心技术方面的布局和重要突破，使创新驱动战略能够取得更大的成功

在新一轮科技革命和数字化生产兴起的背景下，突破关键领域科技发展瓶颈，成为畅通国内大循环的重大考验。"十四五"时期，在构建新发展格局战略引领下，中国将加快布局解决科技领域面临的瓶颈问题，以及关键产业发展需要的高端设备、重点零部件和元器件进口依赖问题。在关键技术、关键环节可能会有重大突破，从科技大国向科技强国迈进。同时，中国在数字经济领域也将大踏步地前进。新冠肺炎疫情是中国数字经济全面发展的催化剂，同时全球贸易环境也是中国数字经济实践和发展的重要催化剂，在两大催化剂的作用下，结合中国自身经济战略布局的特点，"十四五"时期，数字经济发展必定会走上一个新的台阶。因此，战略转型和战略替换带来的科技创新自立自强的布局、产业链供应链的安全性布局将成为2021年需求扩张的基础力量。

新冠肺炎疫情防控和经济复苏不仅显示了中国制度优势和经济体系与产业链的弹性与韧性，也为中国战略深化和战略转型提供了契机。新冠肺炎疫情冲击下中国新兴产业、高技术产业逆势增长，在稳健复苏的基础上，开始谋求重点产业链和战略新兴产业中的"卡脖子"关键核心技术创新,培育关键核心技术创新能力,由此带来新技术和新产业发展的新机会。

高技术产业生产和投资均保持较快增长,经济结构持续优化。2021年1—5月,工业高技术产业增加值同比增长23.8%,两年平均增长13.0%,两年平均增速不仅高于工业总体增速,也高于新冠肺炎疫情前2019年8.8%的增速水平。其中,5月,高技术产业增加值同比增长17.5%,两年平均增长13.1%,增长速度进一步加快;高新技术产品生产持续较快增长,智能手表、工业机器人、服务机器人、碳纤维及其复合材料分别增长87.5%、50.1%、49.2%、43.3%。同时,现代服务业保持较快增长。2021年第一季度,信息传输、软件和信息技术服务业增加值同比增长21.2%,两年平均增长17.1%。2021年1—4月,信息传输、软件和信息技术服务业,科学研究和技术服务业营业收入同比分别增长28.8%、34.8%,两年平均增长17.4%、11.8%。

从固定资产投资情况来看,高技术产业投资高速增长。2021年1—5月,高技术产业投资同比增长25.6%,两年平均增长13.1%,明显高于总体投资增速。其中,高技术制造业投资增长29.9%,两年平均增长15.5%,显著高于制造业整体投资增速;高技术服务业投资增长17.1%,两年平均增长8.5%,也高于服务业整体投资增速。

(三)针对"内循环"短板精准投向,优化"两新一重"基建布局

作为积极财政政策的重要抓手,地方债尤其是专项债已逐步成为

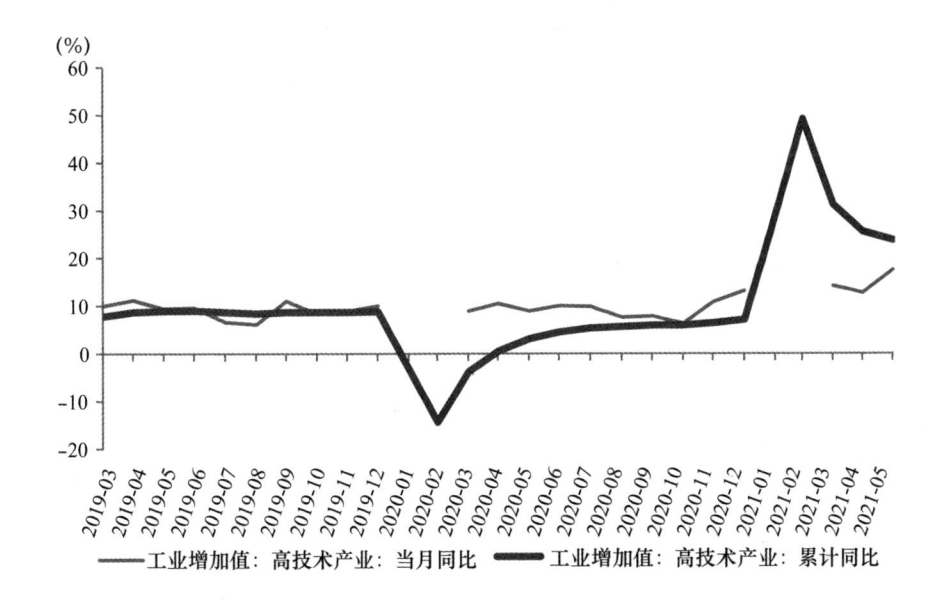

图 4—18　2019 年 3 月—2021 年 5 月中国高技术产业增加值走势

稳定经济增长的着力点之一。在抗疫情、稳增长的背景下，自 2020 年起专项债募投领域已经发生显著变化，投向更为精准，资金更多投向基建领域，尤其是传统基建及民生领域，并根据"六稳""六保"的政策需求不断创新募投品种，面对新冠肺炎疫情适应性地增加了应急医疗领域，进一步解决新冠肺炎疫情防控需求，同时拓宽了新基建、老旧小区改造、冷链物流等领域，更全面地发挥补"内循环"短板、稳经济增长的作用。

2021 年，在疫后稳增长压力及存量项目资金接续需求下，专项债依然是积极财政的重要抓手，继续发挥着稳增长、补短板的重要作用。结合 2021 年《政府工作报告》以及近期国务院常务会议强调支持基层"三保"的要求，专项债资金将继续聚焦疫后经济发展与短

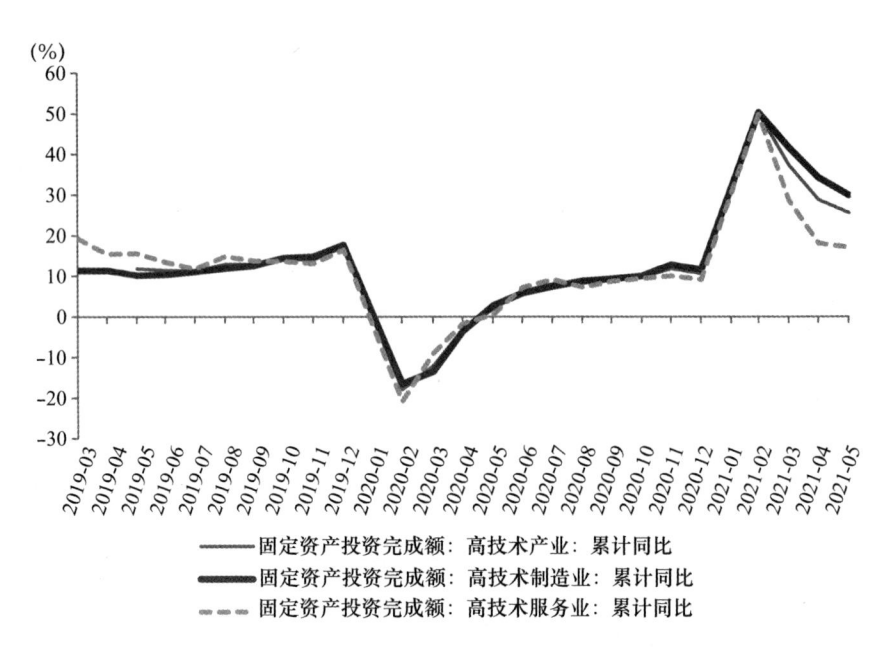

图4—19　2019年3月—2021年5月高技术产业固定资产投资变化情况

板，优先支持存量项目建设，继续支持促进区域协调发展的重大工程，推进"两新一重"建设，并向惠及面广的民生项目倾斜。根据统计，2021年新增专项债主要用于存量项目建设。截至5月28日，用于存量项目建设的专项债规模占新增专项债的八成；募投领域主要集中于市政及产业园区（38%）、交通（20%）、棚户区改造（15%）、民生（12%）等。其中，近7%投向"两新一重"建设，相较于2020年有所下降，且结构向新型城镇化建设倾斜；同时，民生领域中仍有近一半用于医疗卫生项目，继续做好疫后稳增长及补短板的重要工作；此外，用于棚户区改造领域的专项债占比已超过2020年全年比重，表明前期棚户区改造存量项目较多、资金需求较大。

(四) 区域协调发展和新型城镇化建设,加快培育新增长极

在区域协调发展、新型城镇化和畅通国内大循环的新发展格局下,"十四五"时期将培育新增长极,特别是中西部地区的增长潜力可能会全面显现。这些地方既有市场扩展的深度,又有一定创新能力,同时还有全国产业梯度转移的创新驱动政策的支持,可能会迎来新的发展契机。在此基础上,以都市圈、城市群为主体的经济版图,可能会出现一些新的变化。为此,需要完成新战略与一些传统战略的转换对接,包括对关键技术布局与新基建调整,安全性再布局与结构性调整之间的契合,以及实施城市更新行动,助力新时期内循环经济稳健发展。党的十九届五中全会提出,实施城市更新行动,推进城市生态修复、功能完善工程,统筹城市规划、建设、管理,促进大中小城市和小城镇协调发展。在新经济模式下,通过拓展存量空间、完善城市功能、重塑城市产业结构、提质消费水平、改善人居环境、推动城市向内涵式发展转型,最终实现生产、生活、生态的高度融合。

(五) 扩大内需的战略基点对接和替代"六保""六稳"短期政策,将大大提升各项内需潜力的转化

在"双循环"新发展格局下,以扩大内需为战略基点,意味着新方案不是简单地等同于凯恩斯的"总需求管理政策",而是必须真正从扩大内需战略的层面展开,需要中长期的改革方案、中期的战略调整方案和短期的政策方案相配合,这就要求我们从制度层面、机制层

面和政策层面来进行多维调整。因此,扩大内需战略将向消费促进倾斜、向收入分配改革领域延伸,改善中期预期和市场信心,完成与今年新冠肺炎疫情救助政策的对接。

(六) 畅通国内大循环,通过要素市场改革激发发展潜能

按照构建新发展格局的内在要求,将依托强大国内市场,贯通生产、分配、流通、消费各环节,打破行业垄断和地方保护,形成国民经济良性循环;优化供给结构,改善供给质量,提升供给体系对国内需求的适配性;推动金融、房地产同实体经济均衡发展,实现上下游、产供销有效衔接,促进农业、制造业、服务业、能源资源等产业门类关系协调;破除妨碍生产要素市场化配置和商品服务流通的体制机制障碍,降低全社会交易成本;完善扩大内需的政策支撑体系,形成需求牵引供给、供给创造需求的更高水平动态平衡。据测算,对要素市场进行75%的深入改革,未来15年年均增速可以提升0.7个百分点,达到5.1%左右;将要素市场改革进展到90%,潜在增速将提升2.4个百分点,达到6.8%左右。

第五章

常态化后中国宏观经济面临的中长期压力

2021年既是新冠肺炎疫情后中国经济的元年,也是"十四五"规划的开局之年,是"两个百年目标""两个五年规划"的交汇期与战略转换期,开启全面建设社会主义现代化国家新征程。一方面,中国经济从快速复苏到实现常态化具有十分重要的战略意义,为"十四五"规划的部署实施和加快构建新发展格局创造良好的宏观环境。另一方面,随着中国经济回归常态化,中长期力量的逐步显化将再次成为影响2021—2022年宏观经济运行的主导性因素,如何通过改革赋能将重新成为核心议题,并成为影响宏观经济走势和微观主体预期的重要因素。

一 区域经济分化较为严重,亟须全面提振北方经济

在产业结构、人口结构、环保压力差异加剧的作用下,中国区域经济分化严重,北方经济面临全面下滑压力。虽然近十年来,在国家区域协调发展战略的规划引导和政策支持下,传统的东、中、西部地

区之间区域发展不平衡问题得到了极大改善，经济发展水平较低的中西部地区经济增速快于经济发展水平较高的东部地区，尤其是西南地区出现较快的经济增长，各地区间经济发展水平呈现出持续的收敛态势。但是，在经济结构和产业结构大转型的背景下，国内各区域经济分化出现了一些新情况，存在一些新问题。其中，最为突出的三大表现是：首先，南北地区经济差距持续加速扩大，区域一体化进程明显分化；其次，五大区域性增长极在自身增长和对周边地区带动作用方面均出现显著分化；最后，部分地区财政收支及相关社会经济指标面临突出压力。

第一，南北地区经济分化呈现趋势性、加速性恶化特征。1992年，南方经济（南方16个省区市名义GDP总和）在全国经济中的占比为57%，北方经济（北方15个省区市名义GDP总和）占比为43%，南方经济体量为北方经济的1.3倍；2010年，南方经济占比首次达到60%，北方经济占比降为40%，南方经济体量为北方经济的1.5倍；2019年，南方经济占比快速扩大到65%，北方经济占比缩小至35%，南方经济体量达到北方经济的1.8倍。南北地区经济分化不仅呈现出持续性、加速性的显著特征，而且已经达到了相当严重的地步。

首先，从近十年来的增长表现看，南北地区经济差异已经从一般性的分化进入相对恶化的阶段。2012—2019年间，南方16个省区市名义GDP总和累计增长了92.4%，而北方15个省区市名义GDP总和累计仅增长了63.0%，南方经济增速平均达到北方经济增速的1.5

倍，经济体量达到北方经济的1.8倍。

新冠肺炎疫情暴发以来，南北区域经济分化情况更加严重，北方经济面临全面下滑压力。2021年第一季度，相比2019年同期的两年平均增速，南方省份经济增速普遍高于全国平均水平，而北方省份经济增速大多低于全国平均水平。除湖北外，排名末位的10个省区市全部为北方省份，经济增速在1.5%—4.5%区间。

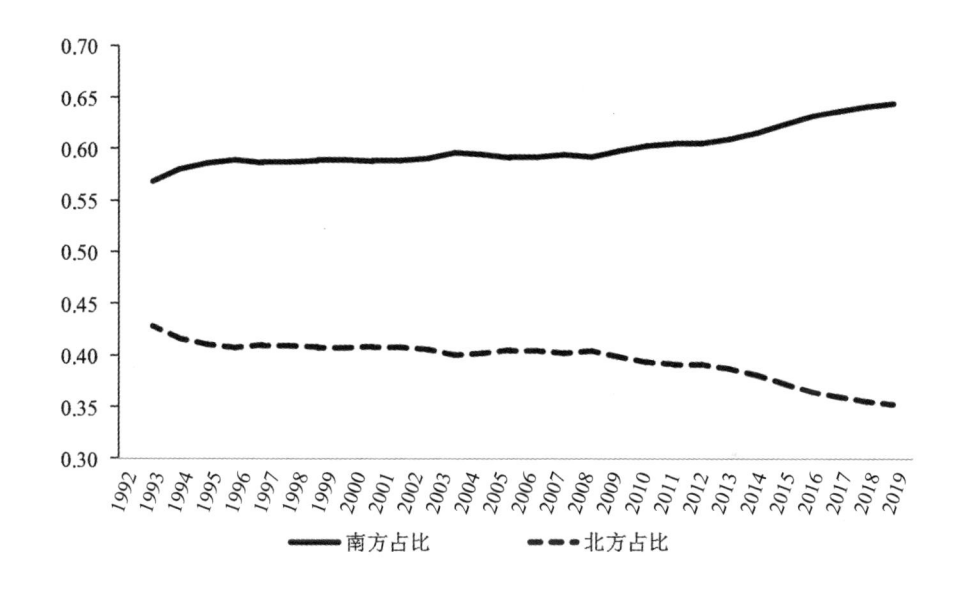

图5—1 1992—2019年南北经济规模占比变化趋势

其次，近十年来，南方经济的区域一体化取得了显著成效，区域内经济发展水平较高的地区对区域内经济发展水平较低的地区形成了有力的拉动作用，各省份经济发展水平呈现向高水平收敛的态势。相比全国31个省区市名义GDP总和累计增长80.9%，在南方16个省

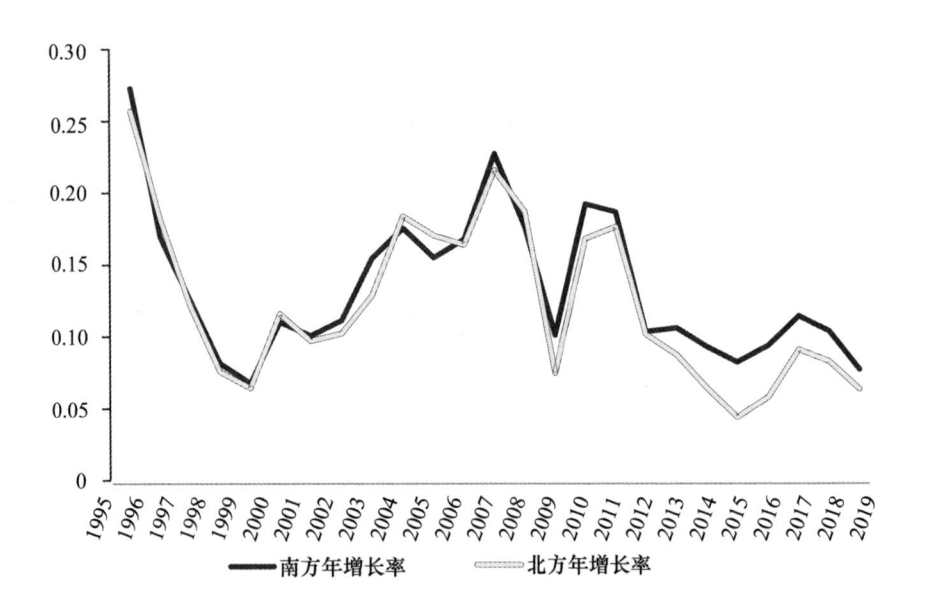

图 5—2　1995—2019 年南北名义 GDP 增长率变化趋势

区市中，仅上海累计增速略低于全国平均水平，累计增长了 78.3%，其余 15 个省区市均高于全国平均水平；其中，湖北、福建、安徽、重庆、云南、贵州、西藏等累计增长都超过 100%，四川、江西、海南等累计增长都超过 90%。

相比之下，北方经济区域一体化的成效则不明显，区域内经济发展水平较高的地区没有对区域内经济发展水平较低的地区形成有力的拉动作用，各省区市经济发展水平日趋分化。相比全国累计增长 80.9%，在北方 15 个省区市中，只有北京、河南、陕西、新疆、青海增速略高于全国平均水平，其余 10 个省区市累计增速均显著低于全国平均水平；其中，辽宁、吉林、黑龙江累计增长不到 40%，河北、天津、山西累计增长不到 55%，山东、甘肃、内蒙古累计增长也仅为60%左右。

第二，五大区域性增长极在自身经济增长和对周边地区的带动作用方面均出现显著分化。按照国家相关区域规划和战略目标，京津冀、长三角、珠三角、成渝、中部地区，作为五大区域性增长极，应该能够发挥拉动所在区域经济整体性增长的龙头带动作用。但从实际情况看，不仅这五大区域性增长极自身分化明显，而且在带动作用上的效果也存在显著差异。

首先，从五大增长极自身增长情况看，成渝地区的增长最为显著，京津冀地区增长情况较差。2012—2019年间，京津冀地区名义GDP总和累计增长了65.2%，长三角地区名义GDP总和累计增长了82%，珠三角地区名义GDP总和累计增长了89.4%，成渝地区名义GDP总和累计增长了97%，中部地区名义GDP总和累计增长了88.2%。

其次，从五大增长极对周边地区的增长带动情况看，长三角地区的辐射带动作用最为显著，京津冀的带动效果较差。2012—2019年间，在京津冀地区辐射区域中，北京名义GDP累计增长了86.3%，一枝独秀，但河北、天津分别仅增长了51.6%、55.4%，山西、山东、内蒙古分别仅增长了45.2%、64.2%、64.4%，辽宁、吉林、黑龙江分别仅增长了39.3%、35.1%、23.0%。

相比之下，在长三角地区的辐射区域中，上海名义GDP累计增长了78.3%，浙江、江苏分别增长81.7%、83.7%，安徽、江西、福建、湖北分别增长100.9%、92.6%、109.6%、101.1%，从核心

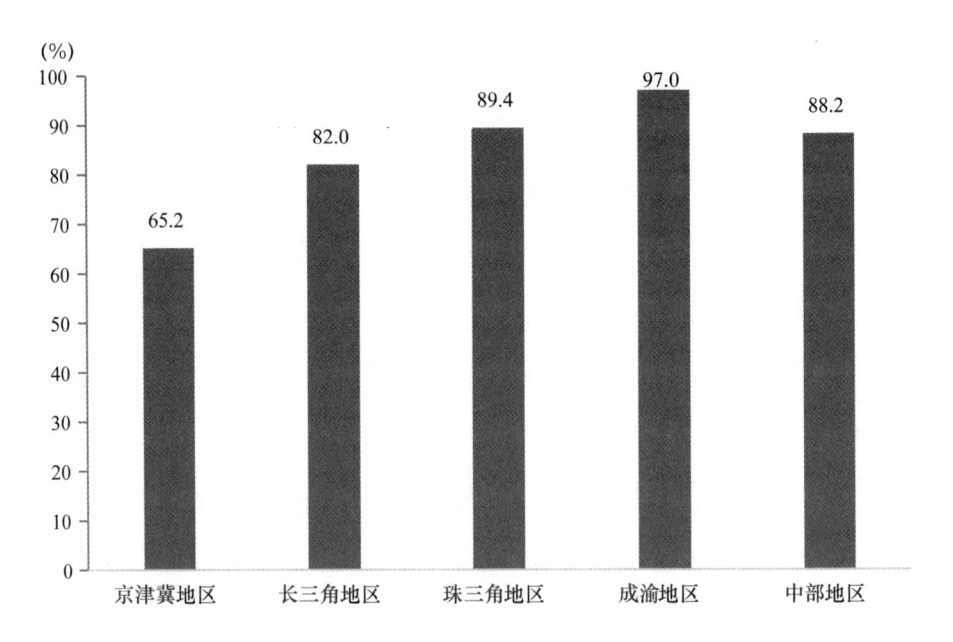

图5—3 2012—2019年五大增长极名义GDP累计增长

到外围形成三级梯队，经济增速依次递增，对整体性增长拉动作用明显，区域协同发展成效显著。

第三，在以上两大分化力量的共同作用下，部分地区在财政收支平衡及相关社会经济指标面临突出压力，应对新冠肺炎疫情冲击和实现疫后经济修复的能力不足，在超常规政策退出的过程中值得高度关注。

总而言之，亟须在加快构建以国内大循环为主体、国内国际"双循环"相互促进的新发展格局中，全面重塑南北经济格局。南方经济体量达到北方的两倍，已经不是一个简单的经济问题。按照现有的发展趋势，这种差异不仅不会自动缩小，反而还会加速扩大。究其根源，据笔者对全国地区之间投入产出表变迁的分析，在对外开放的过

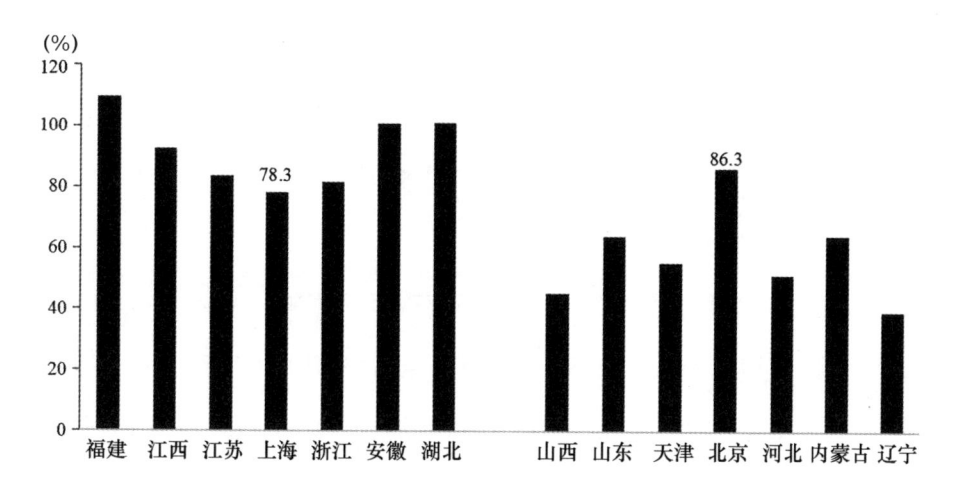

图 5—4 2012—2019 年长三角与京津冀辐射地区经济增长对比

程中，东南沿海率先融入国际大循环，以长三角、珠三角为两大支点，以长江沿线为界向内陆辐射，经过多年发展，已经建成相对独立的"南方大循环—国际大循环"，逐渐取代了原来的"北方—南方—国际大循环"体系。如果简单延续现有的区域一体化进程，南北经济分化的格局还会进一步加深。事实上，近几年来，南方经济区域一体化越搞越好，而北方经济区域一体化则远远不及预期，这背后固然有个别地方政府的主观能动性不足的问题，但在更宏观层面也存在超出一省一地能力范围的大局势问题。

二 劳动人口压力急剧加大

根据第七次全国人口普查数据显示，2020 年中国 0—14 岁人口占 17.95%，15—59 岁人口占 63.35%，60 岁及以上人口占 18.7%（其中，60—64岁人口占比5.2%，65岁及以上人口占13.5%）。与2010年相比，0—14岁、60岁及以上人口的比重分别上升1.35个百分点、5.44个百分点，15—59岁人口的比重下降6.79个百分点，15—64岁人口的比重下降5.95个百分点。

人口结构变化至少带来三个方面宏观经济影响。一是总抚养比的持续上升，已从2010年的34.2%提高至2019年的41.56%；二是国民总储蓄率的持续下降，从2010年的50.9%下降至2019年的44.41%；三是劳动力市场的结构性剧变，劳动年龄人口规模萎缩，15—59岁人口比重从2010年的70.14%下降至2020年的63.35%，15—59岁人口规模减小超过4600万人。

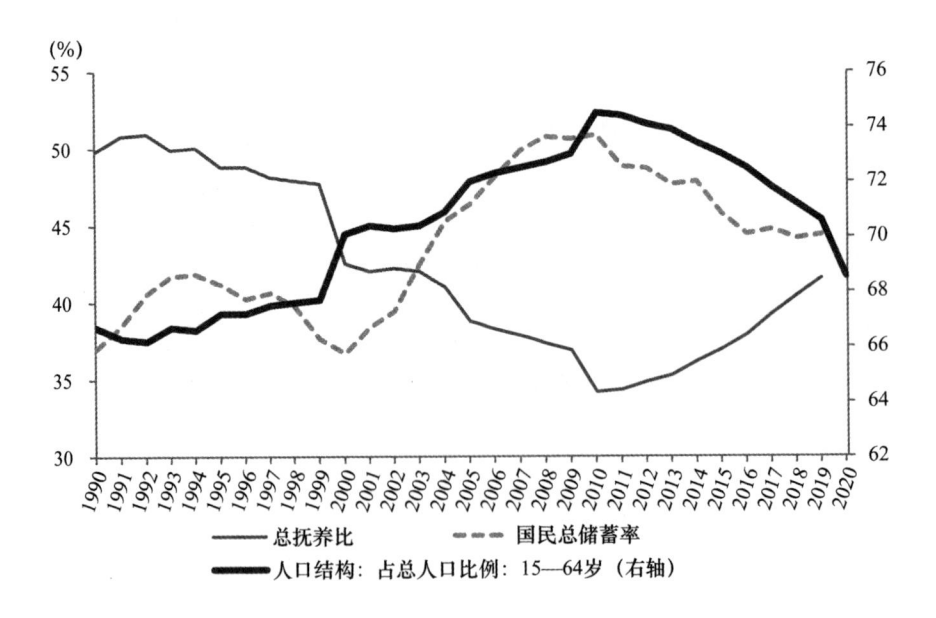

图5—5 1990—2020年人口结构及相关经济指标的变化趋势

"十四五"时期，劳动力市场可能发生深刻转变。自1949年中华人民共和国成立以来，70多年间，中国新出生人口数量经历了两个明显的高峰期和一个漫长的低谷期：第一波高峰期是1962—1973年，其间每年出生人数基本在2500万—3000万人，平均值为2700万人；第二波高峰期是1981—1997年，其间每年出生人数基本在2000万—2500万人，平均值为2200万人；自2003年至今，中国进入人口出生的低谷期，其间每年出生人数基本在1500万—1700万人，平均值为1600万人，相比第一波高峰期，平均每年减少1100万人。

从结构性变化来看，"十四五"时期至2035年，中国劳动力市场将发生剧变。一方面，从2022年开始，中国第一波高峰期人口开始达到退休年龄，进入退休高峰期，至2030年前后接近尾声；另一方面，从2021年开始，中国在低谷期出生的人口开始成年，接棒进入劳动力市场。高峰期人口退出劳动力市场，低谷期人口进入劳动力市场，两者在数量级上的不匹配所形成的巨大缺口，是中国劳动力市场从未经历的剧变，将对宏观经济和养老金账户产生巨大的结构性冲击。

"十三五"时期，中国酝酿许久的延迟退休方案最终没有出台，但影响不是太大，原因在于，1958—1961年是中国出生人口的一个短暂的低谷期，在此期间出生人数平均值为1500万人，同时，中国人口第二波高峰期的尾部进入劳动力市场，1998—2002年出生人口均值为1800万人。退出和进入属于同一量级，对劳动力市场和养老金账户的影响不大。

但是，面对"十四五"时期的剧变，必须及时出台延迟退休政策，以延缓高峰期人口退休，减轻劳动力市场的断层压力，为劳动市场平稳调整和经济健康发展提供窗口期，同时也可以极大地减轻养老金账户陡增的赤字压力。可以说，"十四五"是中国出台延迟退休政策的最后良机，越是拖延，政策效果越差。需要特别指出的是，1962年是出生人口高峰期的开始，从1961年的1187万人激增至2491万人，1963年是出生人口峰值，高达3000万人，此后呈趋势性回落。抢抓劳动人口退休高峰期，可以保证政策效果。否则，随着第一波高峰期人口的全面退休，即使调整国家生育政策、放开生育，或利用最低工资政策、反歧视政策等刺激劳动参与率和提高劳动积极性，恐都难以应对未来5—10年内劳动力人口急剧失衡问题。不仅如此，随着农民工群体平均年龄达到41.4岁，高龄农民工开始退出特定市场，特别是制造业和建筑业，这意味着"十四五"时期，劳动力供给的结构性压力可能进一步加大。

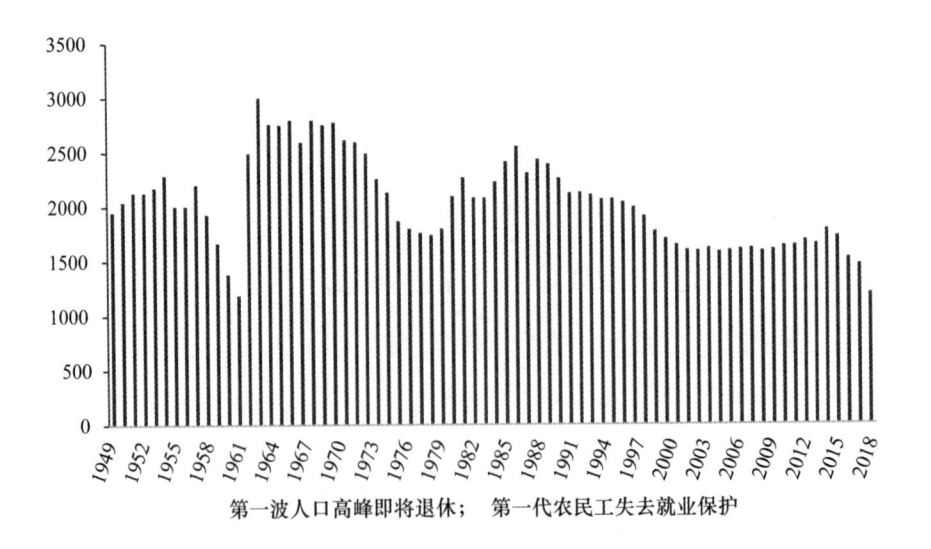

第一波人口高峰即将退休；第一代农民工失去就业保护

图5—6 1949—2018年中国新出生人口数量

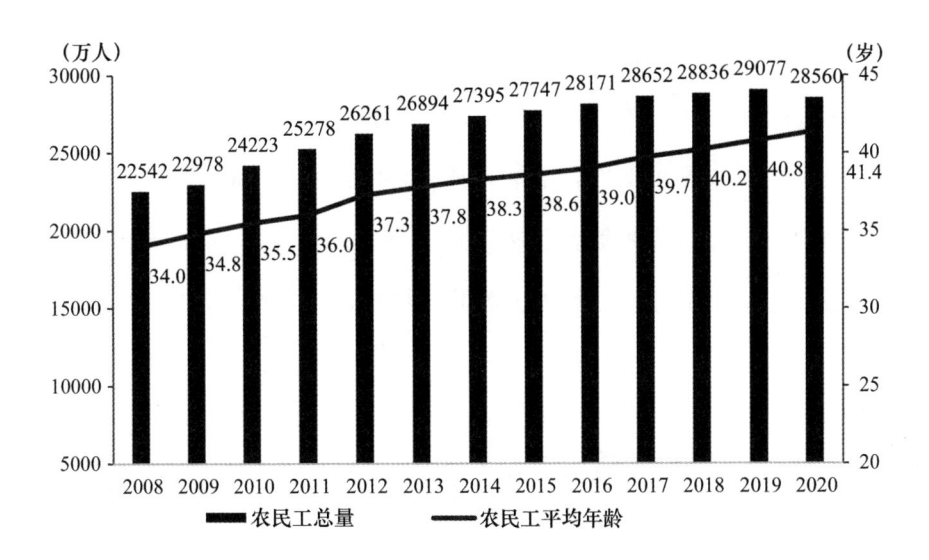

图 5—7　2008—2020 年农民工总量及其平均年龄变化趋势

三　用工成本与碳成本双增，需要提高制造业竞争力

制造业尤其是高科技产业已经成为科技创新和国际竞争的主场，但中国在这一领域的竞争力仍亟须提升。制造业作为国民经济的主体，是立国之本、兴国之器、强国之基，在构建新发展格局过程中，尤需高度关注该领域的国内国际循环。从 20 世纪 80 年代中后期开始，中国制造业进出口快速提升，制造业出口占中国出口总额的比例从 1985 年的 36.3% 增长至 2015 年的 94.3%，并占据了全球制造业出口市场近 20% 的份额和进口市场近 10% 的份额，高科技产品贸易占据了全球出口市场近 25% 的份额和进口市场近 15% 的份额。但值得注意的是，自 2015 年以后，中国制造业出口占世界市场的份额出现

了明显下滑,同时,高科技制造业出口占世界市场的份额也明显下滑。必须审慎认识中国制造业特别是高科技产品的竞争力变化,科学分析中国出口的高科技产品中能反映本国高科技产业竞争力的成分,切勿因良好的总体规模表象而忽略国际分工背景下本国在高附加值产品或生产技术上可能存在发展瓶颈的结构性问题。

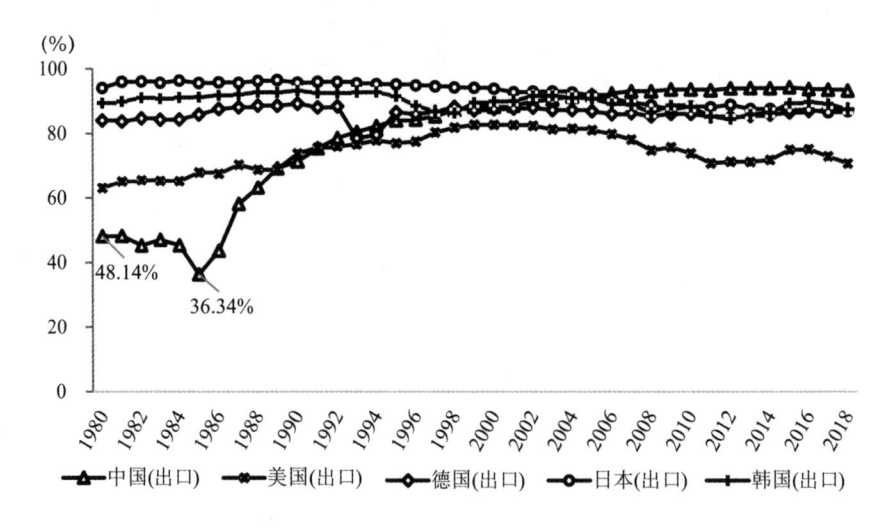

图5—8 1980—2018年中国及主要经济体的制造业出口占本国出口总额的比重(美元计价)

近年来,中国制造业面临的结构转型压力不断加大。首先,随着劳动人口结构和就业偏好变化,中国制造业在国际市场上逐渐丧失用工成本优势。2020年,中国制造业平均时薪从2016年的4.99美元上涨到6.5美元,累计上涨了30.3%左右,目前水平约是墨西哥制造业平均时薪的1.35倍,约是越南制造业平均时薪的2.17倍。

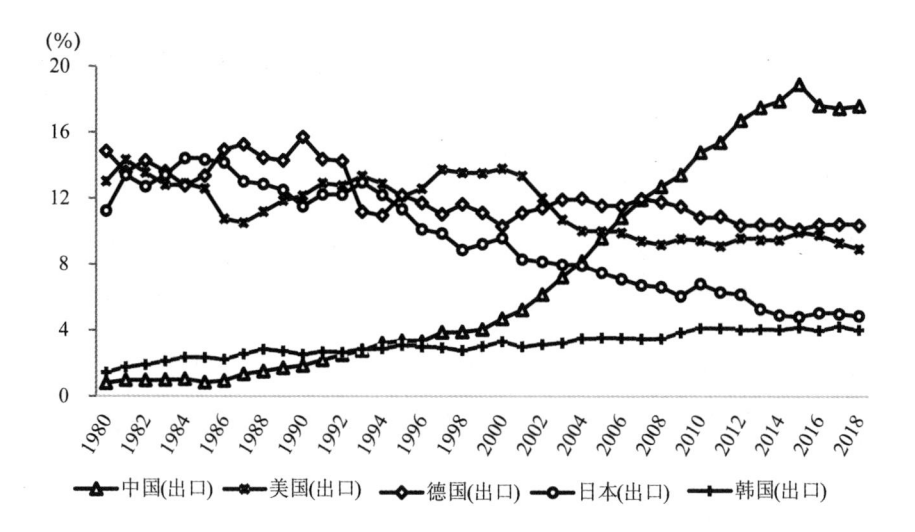

图 5—9 1980—2018 年中国及主要经济体的制造业
出口占世界制造业出口的比重（美元计价）

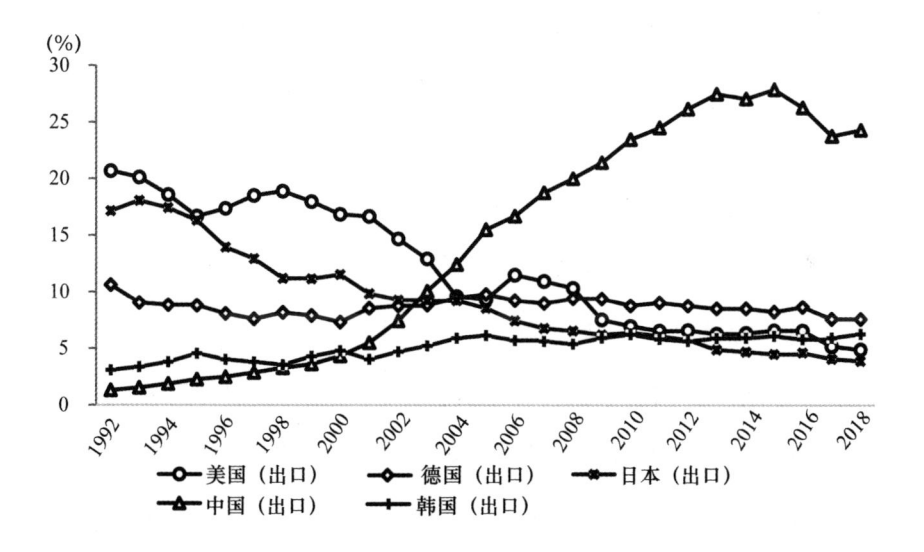

图 5—10 1992—2018 年中国及主要经济体的高科技制造业出口占世界
高科技制造业出口的比重（美元计价）

更重要的是，用工成本上涨背后反映了劳动人口结构和就业偏好的变化，即制造业企业面临"招工难"的问题。近年来，从事制造业的农民工数量持续较快减少，2020年较2017年减少1000万人。分析原因，农民工群体平均年龄已达41.4岁，在长期超强度的工厂劳动的情况下，40多岁可能是这一群体参加劳动的最后时期，这一群体的绝对数量将在短时间内急速下降。也就是说，加入世界贸易组织20多年来，中国制造业最大的劳动力群体即将退出劳动力市场，这是国内制造业第二个显著特征。传统劳动力群体日渐减少，而新一代劳动力群体又没有成规模地形成，特别是青年劳动力不愿成为工厂工人，这使得制造业劳动力市场不断萎缩。据美团数据显示，新冠肺炎疫情期间两个月内新增外卖骑手58万人，其中40%来自制造业工人。这实际上表现出，新时代的劳动力宁愿从事低端服务业也不愿意从事低端制造业，由此加剧制造业的"招工难"现象。

最后，近期讨论如火如荼的"碳达峰、碳中和"，将不可避免地进一步加剧制造业企业的成本压力和转型压力。国际减排的历史经验表明，发达经济体的"碳达峰"更多的是在其经济高速增长期和结构转型期结束后的"自然结果"，发达经济体的"碳中和"更是在这样的"碳达峰"后仍预留了相隔60年甚至更长的时间窗口期。中国作为负责任的大国，在中高速增长时期，就要求10年内"碳达峰"，30年内"碳中和"，尤其需要慎重考虑企业的实际承受能力，出台相应的配套支持政策，使企业的综合成本保持在承受范围之内，更不能够简单地一刀切，甚至层层加码。

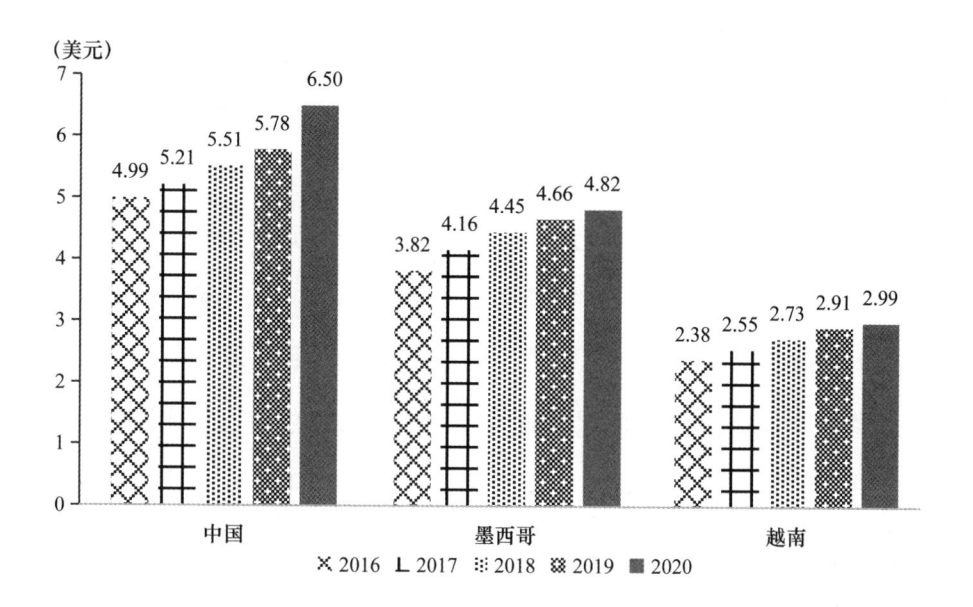

图 5—11　中国、墨西哥和越南的制造业劳动力成本对比（时薪）

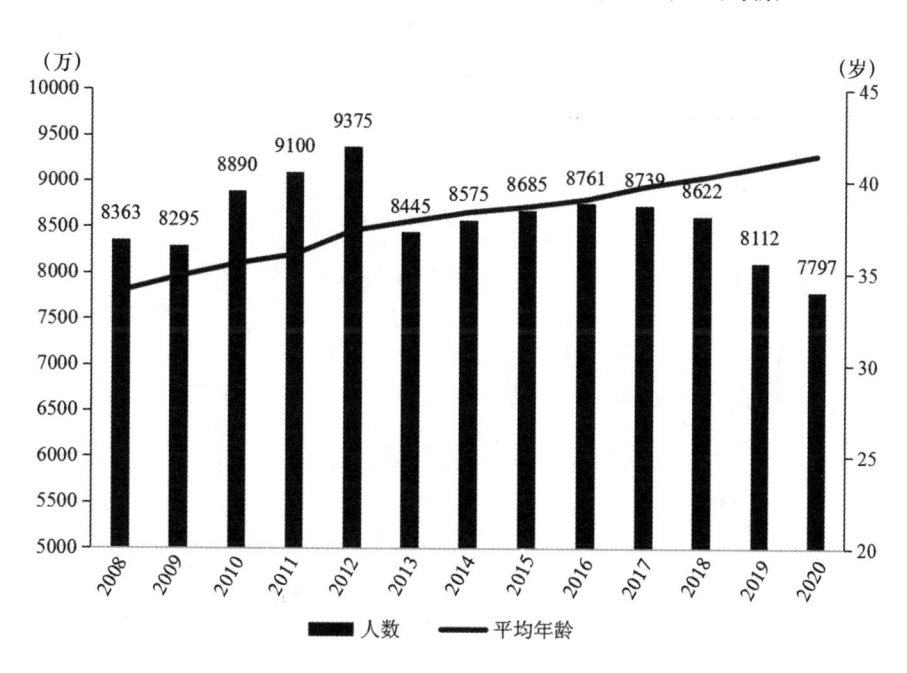

图 5—12　2008—2020 年从事制造业的中国农民工人数及平均年龄变化趋势

除了各方面成本压力外,近年来,中国出口遭遇的非关税措施也呈上升趋势。从出口角度看,一方面,世界范围内的平均关税水平从20世纪90年代后期开始出现显著削减,2017年已降至2.59%的历史最低水平,未来关税层面的不利因素只会增多而不会减少。另一方面,同期世界各经济体对非关税措施的使用日益频繁。基于中国出口产品类别被各贸易伙伴进口非关税措施覆盖的数据分析显示,技术性贸易措施和数量控制措施是影响中国产品出口最为广泛的非关税措施,其产品覆盖范围明显扩展,从侧面反映了外部市场贸易保护主义抬头的倾向。

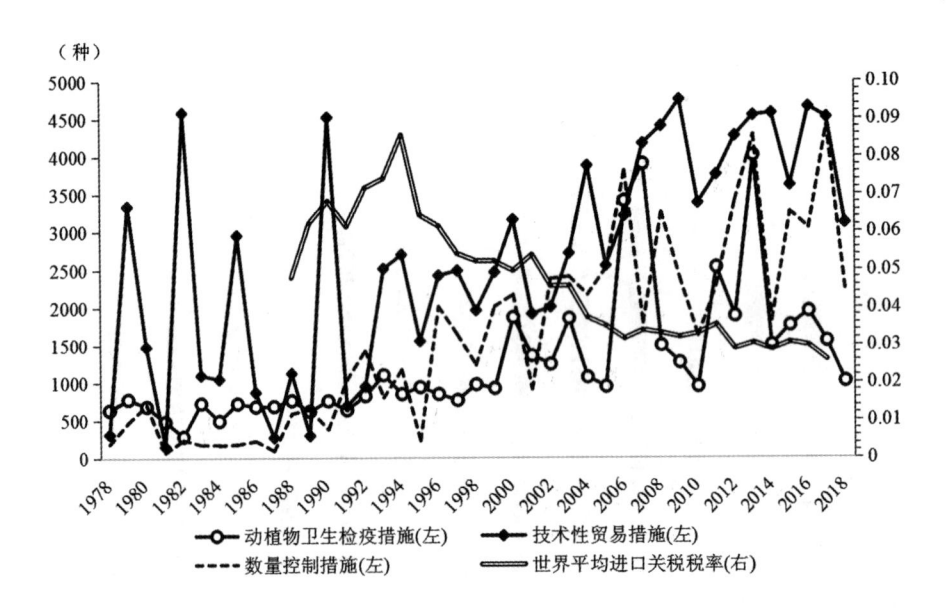

图5—13 1978—2018年世界平均进口关税和中国出口所遭受非关税措施覆盖的HS6产品种类

在多重压力之下,未来工业机器人的普及或许是中国制造业提升竞争力的有效路径。据国际机器人联合会(IFR)《2020年世界机器人报告》,自2010年以来,全球范围内的自动化趋势大大加速了对工业机器人的需求。从地域分布上来看,亚洲是最大的工业机器人市场,2019年达到2010年的3倍多。中国是目前全球最大、增长最快的机器人市场,占据了亚洲工业机器人市场的一半或者说全球工业机器人市场的三成。

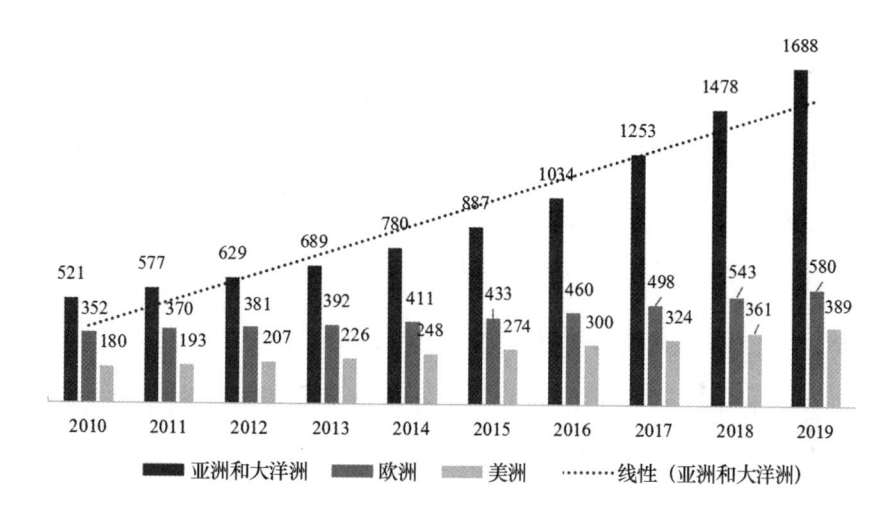

图5—14 2010—2019年各洲在运工业机器人总量(千台)

工业机器人是当前中国普及度最高的机器人种类。近年来,中国工业自动化的步伐正在加快,工业机器人在工厂中加速部署,集中在汽车行业、电子电气行业、金属和机械行业等领域。据IFR估计,2021年有望恢复增长,增速为10.64%。

尽管中国制造业在自动化领域取得重大进展,已成为全球最大的

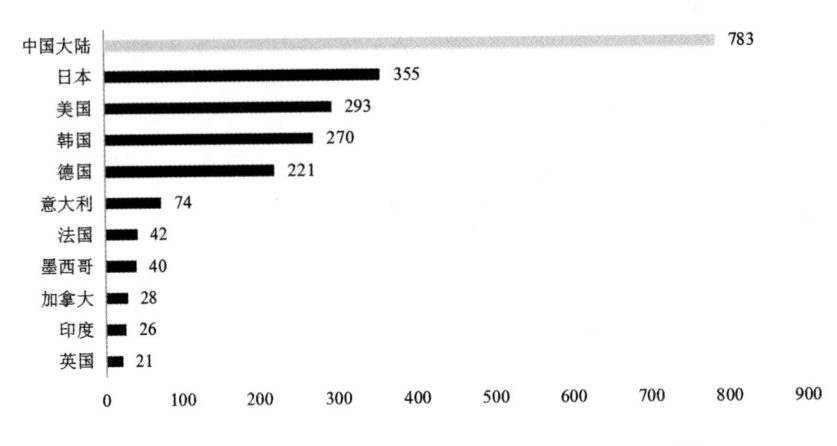

```
中国大陆  ████████████████████ 783
日本      ████████ 355
美国      ███████ 293
韩国      ██████ 270
德国      █████ 221
意大利    ██ 74
法国      █ 42
墨西哥    █ 40
加拿大    █ 28
印度      █ 26
英国      █ 21
         0  100 200 300 400 500 600 700 800 900
```

图5—15 2019年主要经济体在运工业机器人总量（千台）

工业机器人市场，并以每年远高于其他国家的速度加速部署工业机器人，但是相较于中国庞大的制造业市场，机器人的使用密度仍然偏低。2019年新加坡平均每万名工厂工人拥有918台工业机器人，韩国为855台，日本和德国分别为364台和346台，而中国大陆每万名工厂工人仅拥有187台工业机器人，工业机器人密度仅略高于世界平均水平。考虑到中国目前较低的工业机器人密度和每年庞大的工业机器人新增量，中国工业机器人市场潜力极大，工业机器人新增速度将长时间维持在一个较高水平，使工业自动化达到一个较高水平。

鉴于新冠肺炎疫情期间劳动供给的风险，很多企业已经加快了机器人普及的步伐。2020年6月，工业机器人单月产量突破2万套，2020年12月达到3万套，2021年3月达到3.3万套。2021年1—5月，工业机器人产量累计同比增长73.2%。

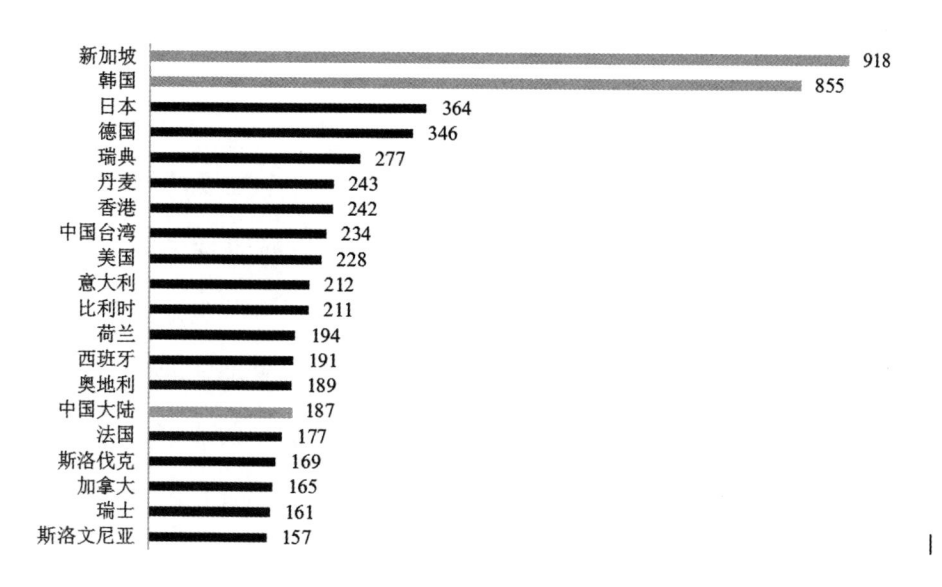

新加坡	918
韩国	855
日本	364
德国	346
瑞典	277
丹麦	243
香港	242
中国台湾	234
美国	228
意大利	212
比利时	211
荷兰	194
西班牙	191
奥地利	189
中国大陆	187
法国	177
斯洛伐克	169
加拿大	165
瑞士	161
斯洛文尼亚	157

图5—16　2019年主要经济体工业机器人密度（台/每万人）

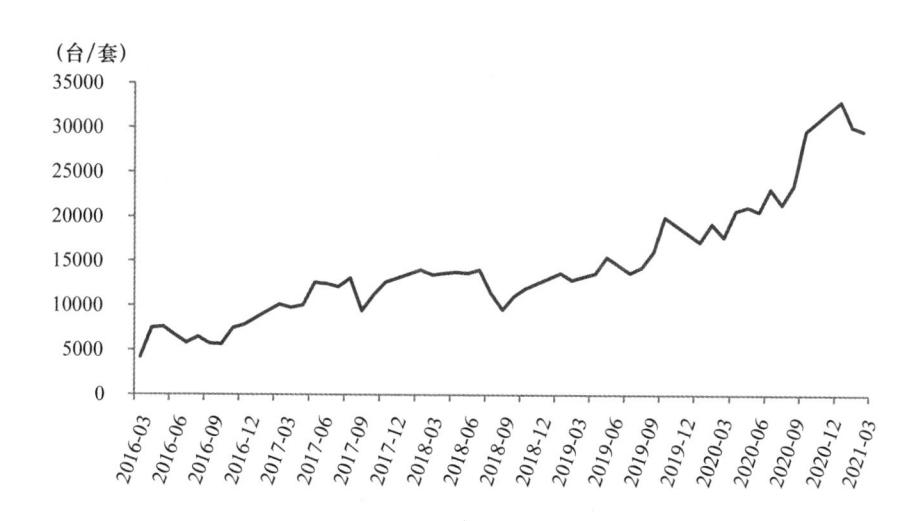

图5—17　2016年3月—2021年3月中国工业机器人产量（当月值）

四 劳动力需求与供给错配，结构性失业压力将加剧

新冠肺炎疫情后中国劳动力市场会呈如下五个维度的结构性变化：①机器人的普及提速并向纵深推进，将加剧技术性失业：一方面，大量的重体力操作岗位将消失，低技能劳动力面临失业风险；另一方面，高技能劳动力短缺，很多岗位虚位以待。②产业间的就业不均衡现象会愈演愈烈：以纺织业为代表的劳动密集型产业不断排斥劳动力，以重化工业为代表的资本密集型产业也不容乐观；以电气和机械为代表的资本、技术密集型产业就业向好，以计算机、IT、人工智能为代表的知识技术密集型产业就业形势蓬勃向上。③地区间就业失衡现象仍会持续，但会发生如下转向，即从过去东中西三地就业形势落差为主转为南北地区的就业落差为主。④分群体看，农民工和大学生的就业问题是最大的两个焦点。由于农民工大龄化问题越发突出，40岁以上农民工占比过半，50岁以上农民工占比达到26.4%，越来越多的农民工将无法胜任传统产业的作业要求，如果人力资本不能及时转型，那么将面临较大的再就业挑战。另外，大学生就业压力会不断累积，鉴于产业结构升级难题、高等教育供给错位等诸多因素的影响，大学生就业压力在短期内难以得到根本解决。⑤新冠肺炎疫情加快了全民生活的数字化转型，并催生了新就业形态的发展，传统就业模式在一定程度上正在让位于以"网约工"为代表的新就业形态，对传统劳动规制政策提出了新的挑战。作为新生事物，平台与员工之间

雇佣关系的弹性化、虚拟化、多重化,造成了劳动者权益保护的真空,正在挑战传统的劳动规制政策。如何保障数千万新就业形态从业者的劳动者权益,兼顾就业机会和就业质量,正成为一个需要迫切关注的时代话题。

五 新冠肺炎疫情冲击创伤效应仍在,需要着力改善长期预期

新冠肺炎疫情冲击导致各类市场主体的行为模式发生剧烈调整,总体趋于保守,参与经济活动的积极性和活跃程度不高。居民收入和就业预期恶化对消费需求的压制、企业盈利预期下滑和高度不确定性对投资需求的压制、政府化解债务风险和部分地方政府官员不作为对基建投资的压制,不仅使得总需求不足的矛盾在短期内充分显现,而且使得较长一段时间内居民消费行为、企业投资行为、政府支出行为都趋于过度"保守化",制约经济复苏节奏和高质量发展。因此,如何激发市场主体的积极性和活跃程度,总体走出信心不足的局面,依然是下一阶段制度改革和政策调整的一个重点。

现阶段,居民消费行为模式趋于保守表现得尤其明显。新冠肺炎疫情冲击造成的社会心理变化,叠加经济下行压力带来的失业风险和收入预期下降,使消费复苏持续面临严峻挑战。2020年,全国居民人均可支配收入同比增长4.7%,但人均消费支出同比减少1.6%;其中,城镇居民收入增长3.5%,但消费下降3.8%,农村

居民收入增长6.9%，而消费也仅增长2.9%。消费增速大幅度低于收入增速，反映了居民消费行为趋于保守。从消费支出结构来看，居民消费的保守化倾向更为明显，2020年除食品烟酒和居住类支出刚性增长外，其余六类消费支出均为负增长，导致居民恩格尔系数由降转升，再次退回30%以上。从未来增长潜力看，2020年居民储蓄的增加，客观上有利于避免家庭资产负债表恶化风险，提高未来的消费潜力。然而，要想激发消费潜力，一方面需要通过经济增长和收入分配增加居民可支配收入，另一方面也需要提高居民对未来收入的信心。

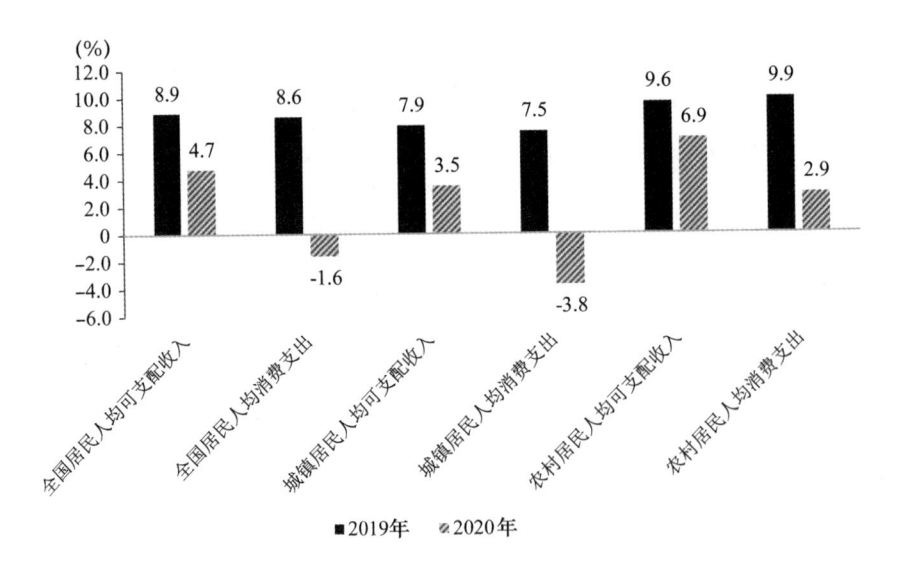

图5—18 全国居民人均可支配收入与人均消费支出增速分化

从另一个角度看，居民消费行为保守也与中国社会发展相对于经济发展还比较滞后有关，不平衡、不充分的问题在一些民生领域反映比较突出，安全网还不够牢靠。在这方面有两个关键问题，一是要进一步扩大社会保障体系的覆盖，二是要全面加强全国的统筹性。由于地区差异、部门差异过大，再分配工具反而可能成为不公平的源头。"十四五"发展目标提出，民生福祉要达到新水平。随着我国社会主要矛盾的变化，"十四五"时期，需要围绕经济和社会发展之间的不平衡积极作为，特别是补齐社会发展的"短板"。"十四五"时期，是中国跨越中等收入陷阱的关键期，而要真正跨越中等收入陷阱，除了创新驱动，必须要在收入分配、民生建设、公共服务等一系列领域有突破性进展，在加速城镇化、社保体系改革尤其是养老体系改革等方面推出新举措。

六 收入与财富分配不平等，需要系统推进财税改革

近20年来，全国居民收入基尼系数长期位于0.45—0.5的高位，2019年仍高达0.465，累积形成的财富差距更为明显，这不仅使得居民消费意愿和消费能力越发不足，甚至使得青年一代的奋斗意愿下降，各种形式的"躺平"成为网络热词。根据中国人民银行调查统计司的研究报告《2019年中国城镇居民家庭资产负债情况调查》显示，中国资产排名前10%的城镇家庭占中国城镇居民家庭总资产的47.5%和净资产的49%，资产排名后60%的城镇家庭仅占中国城镇居民家庭总资产的19.1%和净资产的17.7%，财富不平等程度已经较为严重。

新冠肺炎疫情冲击进一步加剧了收入和财富分配不平等问题，其

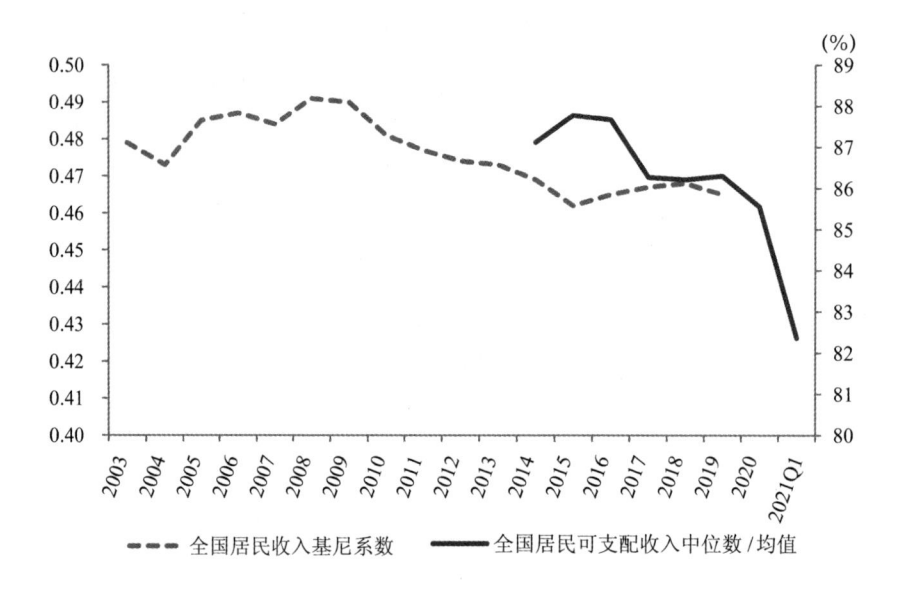

图5—19 2003—2021年Q1基尼系数变化趋势

（虚线：全国居民收入基尼系数；实线：全国居民可支配收入中位数/均值）

经济影响可能还在逐步显化。继2020年居民可支配收入中位数增速低于平均数增速0.9个百分点，2021年第一季度，居民可支配收入中位数增速低于平均数增速1.0个百分点，表明收入分配不平等程度可能在持续恶化。居民可支配收入的中位数与均值之比从2015年的87.8%持续下降至2021年第一季度的82.4%。

从居民可支配收入构成来看，自新冠肺炎疫情暴发以来，工资性收入和经营净收入增速持续显著低于财产净收入和转移净收入增速。这些结构性变化表明，虽然在应对新冠肺炎疫情的过程中，财政转移支付对最低收入群体收入进行了有效补充，同时资产价格上涨使得高收入阶层收入没有受损，但工薪阶层和个体经营收入受损严重。在培育形成以国内市场大循环为主体的新发展格局过程中，中等收入群体是未来支撑消费增长和消费升级的核心力量。对于中等收入群体的变化，特别是与高收入群体的分化，在政策层面应当予以高度关注。

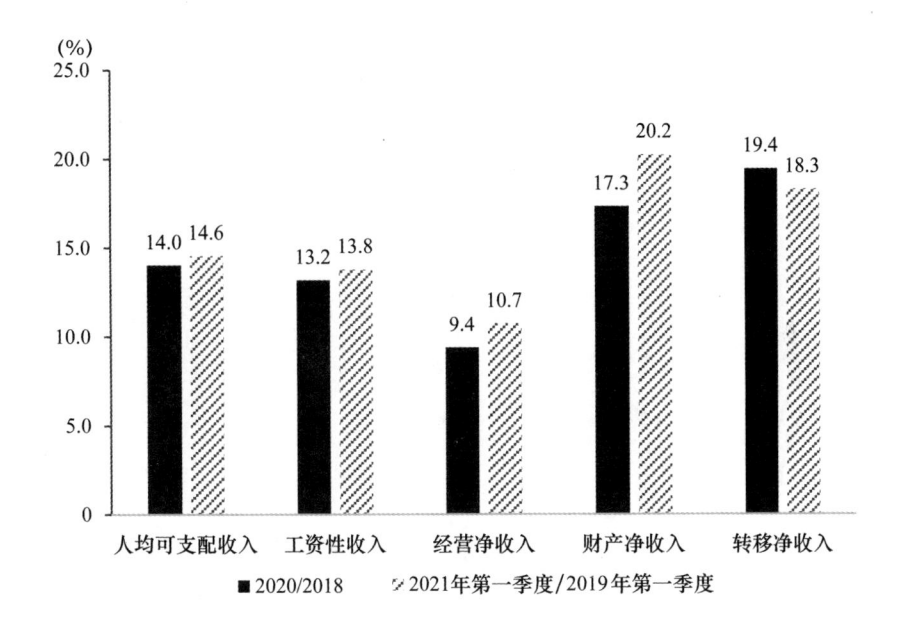

图 5—20　工资性收入和经营性收入增速

收入再分配环节产生日益严重的逆反方向调节问题。近 20 年来，中国住户部门初次分配收入占国民收入的比重整体走低，从 1996 年的 67% 持续下降至 2010 年的 57%，然后才逐步回稳至 2018 年的 61%。在此过程中，中国收入再分配环节不仅调节力度不足，而且出现了日益严重的逆反方向调节，使得住户部门可支配收入的占比进一步下降。具体来说，经过再分配环节，在 1992—1998 年平均提高住户部门收入比重 2.0 个百分点，在 2001—2006 年转为平均降低 0.6 个百分点，在2007—2016年平均降低1.5个百分点，2017—2018年平均降低1.9个百分点。结果是，住户部门可支配收入占国民总收入的比重，从1996年的69%显著下降至2010年的56%，2018年也仅回稳至59%。这从根本上制约了中国最终消费率的提升潜力，也加大了宏观动态平衡的难度。在2021年第一季度，全国居民人均可支配收入两年平均实际增速低于实际GDP增速0.5个百分点，再次说明居民可支配收入比重出现进一步下降。

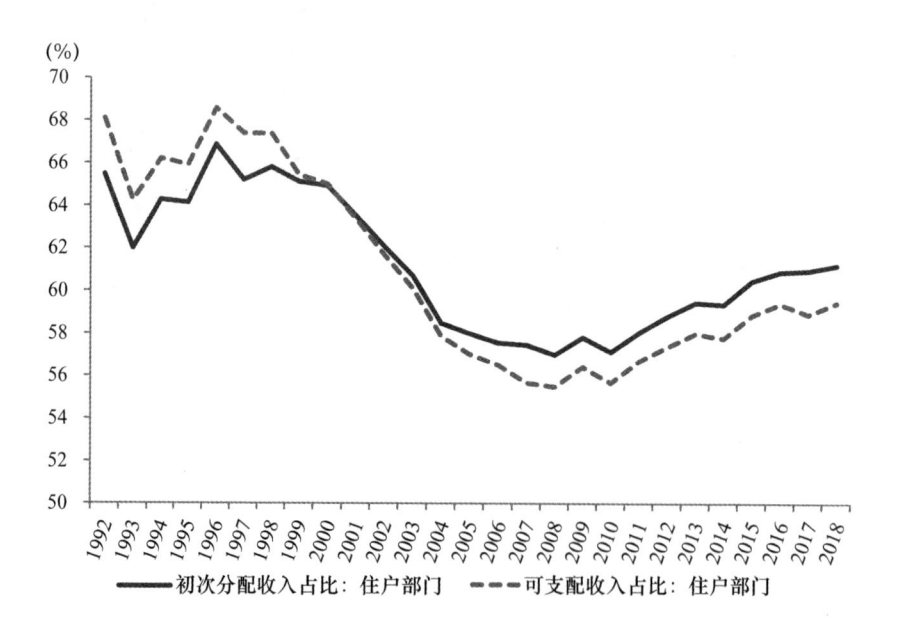

图5—21 1992—2018年初次分配和再分配情况

因此，关乎全局的收入分配攻坚战，亟须真正改善目前在收入分配中存在的两极化现象，缩小收入分配和财富分配差距，使中等收入阶层能够明显扩大，从而激发潜在的消费能力，形成强大的国内市场,构建新发展格局。再分配改革分为四个层面:首先,初次分配的改革,就是要调整目前个人工资收入、企业利润、政府税收这三者之间的比例格局,改变穷居民、富企业、强政府的格局,在工资形成机制、利润分配机制和税收体系方面进行一系列改革。其次,再分配体系的改革。一是不同收入阶层的改革,必须对高收入阶层、资本利得、房地产等进行征税,并以此加大转移支付力度。二是要完善整个社会福利体系,使更多中低收入阶层能够享受到有效的、充足的社会保障。三是再分配体系中,还要对税收工具进行深化改革,特别是财产税等方面,从目前的流转税向财产税、所得税进行转移,提升递进的层级。收入分配改革是一个系统性的超级工程,是触动深层次利益结构的改革,在快速增长过程中进行改革所带来的冲击或压力会相对缓和。要实现2035年的远景目标,现在就要在战略上进行全面设计。

总之,"十四五"时期是中国经济社会发展承前启后的关键五年,是在两个百年交汇期进行战略深化和战略转型的关键五年。百年未有之大变局的加速演变期和中华民族伟大复兴的关键期决定了我们必须统筹发展与安全,必须实现发展质量、结构、规模、速度、效益、安全相统一,以新发展格局为战略基础,以推动高质量发展为主题,以深化供给侧结构性改革为主线,把科技自立自强作为国家发展的战略支撑,把扩大内需作为战略基点,实现中国经济社会的平稳健康发展,为全面建设社会主义现代化国家新征程开好局、起好步。

第六章

结论与政策建议

在党中央的坚强领导下，经过两年不懈努力，中国抗击新冠肺炎疫情夺取重大战略成果，经济社会发展取得伟大成就。2020年，中国成功实现经济的"V"形反转，在全球主要经济体中率先步入稳定复苏的轨道之中。2021年，中国进一步巩固新冠肺炎疫情防控和经济发展成果，在全球范围内率先开启常态化进程。通过科学施策，确保中国经济常态化进程顺利完成，对"十四五"规划的部署实施和新发展格局的构建创造良好的宏观环境，具有十分重要的战略意义。

首先，理性科学地认识2021年宏观经济运行逻辑的独特性，全面认识从新冠肺炎疫情冲击到实现常态化在宏观经济总量和结构上带来的新规律和新现象——不能将2021年与2020年的宏观分析割裂开来，2020年很多经济运行的逻辑将在2021年反转地、非对称地得到体现；更不能将2021年短期经济运行与"十四五"中长期发展割裂开来，实现经济常态化是"十四五"规划健康发展的基础，而加快"十四五"战略布局也将有助于尽快实现常态化。经济复苏的不同步、不稳定、不均衡是新冠肺炎疫情冲击和趋势性因素的"遗产"，并将对经济的常态化进程和"十四五"规划的实施产生严重干扰。实施宏观政策,一方面要高度关注"新冠肺炎疫情得到控制—经济全面恢复—政策逐步退出—新战略全面启动"的逻辑,另一方面还必须关注"新冠肺炎疫情新的不确定性、国际政治新的不确定性、政策退出风险、战略转换成本"等新问题。

其次,中国新冠肺炎疫情防控、经济保卫战、经济常态化与世界其他经济体的不同步给予了中国"十四五"规划战略转型的契机,全面建设现代化新征程面临的新任务依然具有强烈的挑战性。2021年不仅要抓住时机全面启动"新发展格局"战略,同时也要在超常规政策退出的过程中,保证中国宏观经济运行的常态化和经济运行的稳定。当前经济复苏还没有完全达到常态化水平,经济复苏的核心力量依然有赖于一定的政策支持,且具有强烈的不稳定、不均衡、不确定等特点。这决定了扩张性的宏观经济政策定位不宜大幅度转向,而应当将超常规宏观经济政策逐步向常规性宏观扩张政策进行转变,然后再由常规性的扩张政策逐步向逆周期政策定位调整。短期宏观政策定位应当从"六保"回归"六稳"。

再次,科学认识各类宏观参数同比增速过高带来的经济景气假象,多角度、多层次对2021年宏观经济运行的状态进行科学研判。高度关注微观市场主体绩效的边际改善情况、就业市场边际群体的状况、各类环比数据的变化、核心CPI和GDP平减指数的变化,以综合研判和确定政策退出的节奏和路径。低基数效应下经济增长同比数据大幅跃升到趋势线以上,并不意味着真实经济情况必然摆脱下行压力,环比增速的低迷尤其是居民消费和制造业投资的低迷,仍然意味着微观主体的感受没有得到根本性改善。同时,在规模性政策退出的过程中,结构分化严重、冷热不均的情况很可能会导致短板效应显化、局部风险上扬。

最后,外部环境的复杂化对国际循环体系的冲击及其对中国出口的影响将有新的表现,提前稳住内部经济循环基本盘是应对外部冲击和大国竞争的核心基础。全球经济复苏进程的分化、国际冲突的加剧、全球供应链的重构以及"去中国化"的抬头,都可能使中国经济的外部压力上扬。因此,在各种战略准备中,进一步恢复中国经济运行的基本盘,不断巩固内部产业链的竞争力和畅通性是我们立于不败之地的关键。全面扩充国内市场需求,快速促进市场循环的常态化,是当前窗口期的必然之举。

针对中国经济常态化进程中面临的短期内外部压力,本书提出以下几点具体的政策建议。

第一,在总体政策定位上,2021年依然需要保持相对宽松的宏观经济政策,特别是积极的财政政策和稳健的货币政策的组合,在超常规政策退出的同时,利用常规性扩张政策填补政策力量下滑的空缺,再回归"六稳"培育国民经济循环的内生动力。宏观政策需要以稳定物价和充分就业为锚,以全面扩大内需、缩小供需缺口为基本目标,为新战略启动创造良好的宏观环境,妥善安排抗疫政策和纾困政策的退出,积极应对金融风险显化的挑战,逐步回归常态化宏观调控模式。扩大内需战略需要向消费促进倾斜、向收入分配改革领域延伸，以改善中期预期和市场信心，完成与新冠肺炎疫情救助政策的对接。

第二，财政政策需要把握好节奏和力度，超常规积极财政政策需要先逐步向常规性积极财政政策转变，然后才是逐步回归中性。①2021年的宏观政策仍应该按照中央经济工作会议和《政府工作报告》要求，保持连续性和稳定性，保持对经济恢复的必要支持力度，兼顾稳增长和防风险需要，合理安排支出规模，不急转弯，把握好时度效。2021年财政政策在赤字、支出和收入端均体现了以积极姿态向常态回归，但财政政策节奏后移、货币政策全面收紧，使得2021年上半年政策支撑力明显减少。②对于下半年密集实施剩余预算，需要通过科学把握进度来保证效率。对地方上广义的新基建投资要进行审核，不仅要有积极性，同时还要保证科学性和技术的有效性。针对2021年更大规模资金直达基层，在完成"三保"目标之后，一些资金可以适度往上进行调整，进行集中归拢，向一些大型项目、重点改革任务、战略调整领域靠拢。③2021年的财政政策还应配合"十四五"规划的战略布局，进行财政支出结构的重点调整。一是加强科技创新攻关的支出；二是对于国内大循环关键产业链布局的调整；三是积极对接新的扩大内需战略。④配合"双循环"新发展格局，对财政结构上的安排也应有重新审视，作出布局点和着力点的调整。以国内大循环为主体，意味着在关键核心技术、高新技术上的布局，在核心产业上进行国产替代的布局，以及在出口转内销等方面的一系列布局，都需要未来财税改革的配合，需要产业政策和贸易政策的调整，以实现新战略与传统战略的对接。

第三，货币政策需要做好应对下半年经济增速回调以及美联储"加息缩表"风波的准备。①中国当前的复苏路径还需要政策支撑，货币政策需要在总需求不足和结构性问题固化之间找到平衡点，政策取向和力度都需要更加灵活适度。在政策执行中，注意防范下半年经济下行风险，货币政策可以在稳健的基础上控制节奏，前紧后松。②在普惠和防风险的前提下，保持杠杆率的稳定。推动以消费为基础的国内大循环，需要进一步增加普惠性消费金融力度。保持杠杆率稳定的核心条件是经济增长速度高于利率，利用未来的高增长化解信贷风险。在加强监管和信贷风险控制下，推动正规金融体系和金融科技的融合，提升普惠金融力度。③积极应对人民币升值趋势。以国内大循环为主体、国内国际双循环相互促进的新格局需要人民币国际化程度的提升，通过中国供给安全资产，提升国内留存的消费，这就意味着未来人民币国际化的需求会逐步加速，需要对升值趋势预留政策空间。④做好应对美联储"加息缩表"风波的准备。美国的CPI通胀，特别是核心CPI通胀和资产价格均已经严重超调，下半年大概率会释放"加息缩表"信号，相关市场预期和反向操作将会相应展开。届时会有越来越多的新兴市场国家被迫加入加息阵营，中国目前已经偏紧的货币政策是否具有相应的加息空间，这很可能会影响中国经济的常态化进程。

第四，高度重视经济复苏时政策退出带来的风险。把"稳杠杆"作为短期宏观监管目标，2021年稳健的货币政策可以考虑金融成本持续下降与货币数量收缩相组合的模式进行定位。对于特殊行业和特殊群体的一些纾困政策可以采取逐步退坡的方式，防止"政策悬崖"带来的新风险。对于中小微企业的部分财政货币扶持可以出台新的政策进行续接，阶段性延期还本付息和金融系统让利等特殊政策应当安排适度的过渡措施，不宜快速退出。部分专项再贷款再贴现、中小企业信用贷款支持工具在未来一段时期内还可以继续发挥作用。既要看到目前利息偿还高达 GDP16% 左右的负担所带来的国民经济循环的压力和风险积累的问题，也要防止在政策退出和债务调整过程中资金链断裂导致的风险无序释放与风险制造的叠加。

第五，加快"十四五"规划项目实施和布局，发挥预期引领和跨周期调节作用。2021 年是"十四五"规划的开局之年，在构建"双循环"新发展格局的统领下，通过加快科技自立自强的布局、产业链供应链的安全性布局、国内大循环畅通与短板的补足、扩大内需战略具体举措的启动，不仅有望改善市场主体预期，也有利于替代非常规刺激政策，成为短期需求扩张的基础性力量。

针对"十四五"时期的风险挑战，需要抢抓新冠肺炎疫情期间中国经济率先复苏、率先实现常态化的窗口期，加快构建以国内大循环为主体、国内国际双循环相互促进的新发展格局，并在新发展格局的统领下，深入推进改革和结构调整，构建新红利和解决结构性问题，充分释放中国经济的潜在增长空间。

第一，在战略层面，科学设定"十四五"规划及 2035 年经济增长目标，并通过改革和结构性大调整，提升中国经济增长潜力，使未来15年经济增长的平均增长中枢提升到合意的4.8%以上。一是通过创新驱动战略、科技强国战略以及人才强国战略，全面推进技术进步，全面突破当前关键技术和核心技术的"卡脖子"，实现中国的新技术红利；二是全面推进关键领域改革，构建第二轮制度红利；三是通过人才强国和教育强国战略，推进人口红利转化为人力资源红利；四是全面构建百年未有之大变局的合作平台和新的竞争力，突破价值链和分工链重构的瓶颈约束，构建新一轮全球化红利。利用构建"双循环"新发展格局战略来统领、调整、重构、深化过去的各种战略，通过新四大红利构建来较大幅度提升潜在增速，中国就完全有能力实现2035年收入翻番、达到中等发达国家水平的合意发展目标。

第二，在构建新发展格局过程中，特别是在国家"十四五"规划实施的过程中，加强顶层设计，从中央层面优化调整现有的区域发展战略以及区域性发展规划，培育北方经济的新增长极，全面重塑南北经济格局。传统的东中西划分方法及其相应的发展战略已经难以应对区域经济分化面临的新问题。相比长三角地区等其他几大区域性增长极，北方唯一的京津冀地区无论是在自身经济增长，还是对周边地区的辐射带动作用方面，都越来越难以发挥应有的力度。同时，原中部六省在经济结构互补性上存在天然不足，而且实际上也分属不同的区域经济圈，各自面向不同的方向布局，缺乏向心力，难以实现有效合作和协调发展。例如，安徽等省市战略布局的重点明显是面向长三角地区。建议探索论证新"河南、河北、山东、山西、陕西"一线的区域一体化协同发展战略，以重振北方经济，更为全国打造一个新的增长极。

第三，加快推出弹性延迟退休年龄政策，这对增加劳动力有效供给和促进经济增长都具有积极效应，更直接增强了养老金系统的可持续性。在人口老龄化背景下，中国出台延迟退休政策已是势在必行，相关部门也酝酿许久。何时以及如何出台，在于协调好三个时间点：一是必须抢抓劳动人口退休高峰期，以保证政策效果；二是同时要瞄准新进入劳动力市场人口低谷期，以发挥调节作用；三是还应尽量借助宏观经济上行期，以利于政策推行。从中国历年出生人口数和未来宏观经济环境预判，2022—2023年同时满足三个条件，需及时开启延迟退休政策，再往后，政策效果将迅速衰减。根据测算，从2022—2023年开始实施延迟退休政策效果显著，特别是政策实施的前5期，每期可使城市劳动力供给增长200万—300万人，拉动GDP增长超过0.5个百分点。这将有效缓解工作年龄人口下降带来的不利影响，为中国实现向注重质量的二次人口红利转换提供宝贵的窗口期。在具体实施过程中，需要充分掌握不同群体的利益诉求和接受度，做到有的放矢。特别是为利益受损群体提供相应的补贴和激励措施，将提高养老金替代率的需求与实施延迟退休挂钩。

第四，在扩大内需、挖掘内需潜力方面，需要有一揽子综合方案。该方案不能简单地等同于凯恩斯的"总需求管理政策"，而必须真正从扩大内需战略的层面展开，需要中长期的改革方案、中期的战略调整方案和短期的政策方案相配合，这就要求我们从制度层面、机制层面和政策层面来进行多维调整。因此，在完成了脱贫攻坚目标和解决相对贫困时期的主要问题之后，需要重点推出中产阶层倍增计划，从数量倍增和收入倍增两个维度展开。目前的税制安排在缩小收入分配和财富差距层面，都越来越难以发挥应有的调节作用。

第五，在激发市场活力方面，对于各类微观市场主体积极性问题需要保持高度关注，特别是目前民营企业投资激励问题，以及地方政府一些官员存在为官不为、能力不足等问题。如何在这方面做足文章，使民营企业家投资信心、居民消费信心、社会投资空间进一步提升，依然是我们未来需要解决的最为重要的几个微观结构性问题。因此，关键领域的改革必须要全面实施、保证落地，真正激发各阶层微观主体的积极性。在《中国共产党第十九届中央委员会第五次全体会议公报》中，有效市场和有为政府被放在了核心位置。实际上，中国特色社会主义市场经济体系的改革关键在于政府的改革，必须要通过构建服务型政府、法治型政府、数字型政府，让政府的定位和管理职能发生根本性的改变，从而进一步优化营商环境。另一个核心点是要素市场改革。中国产品市场改革已经基本上完成，但是要素市场改革还没有完全破题。2020年出台的《关于构建更加完善的要素市场化配置体制机制的意见》，已经将要素市场改革作为重中之重。

第六，适应逆全球化和后疫情时代的特征，在传统发展观念的基础上更加强调内生动力和安全的维度，使中国经济的基本盘更坚实、更具弹性和韧性，确保不发生影响现代化进程的系统性风险。安全是发展的前提，发展是安全的保障，需要把安全观念贯彻到发展的各领域和全过程，把科技自立自强作为国家发展的战略支撑，把扩大内需作为战略基点。一是对关键技术、核心技术要进行自我发展、自我研究，突破目前"卡脖子"的问题；二是加快构建"双循环"新发展格局，以国内大循环为主体，牢牢抓住国内需求作为出发点和落脚点来进行相应的战略布局；三是更加重视考虑防范一些极端风险的出现。"十四五"时期，中国将经历百年未有之大变局的加速期以及全球经济格局的重构期。大国经济发展必须把安全问题上升到一个新的高度，对于扩大开放过程中的安全性，对于国际风险的把控能力，必须要与经济发展规模、速度相匹配。

第七，构建更高水平开放型经济新体制。在全球贸易投资环境仍具有极大不确定性的背景下，不仅要强调对外开放的规模与速度，还要强调开放的效率与安全，这要求在外贸结构和产业布局上要有新的举措。首先，作为全球第二大经济体，需要更加注重培养国内大循环的内生动力，不能过度依赖以外需作为经济增长和创新方向的主要动力。其次，在关键技术、关键零部件的生产方面，必须加强国内布局，而不能简单持续地依赖欧美发达国家。最后，各类产业的全球化布局要更加注重效益和风险的控制，压减规模大周期长的项目。总之，"十四五"期间，要通过高水平开放来打造新的竞争平台，构建"以内促外"的新竞争力。

参考文献

Ahir, H., N. Bloom, and D. Furceri, 2018, "World Uncertainty Index", Stanford Mimeo.

Bartik, A., Bertrand, M., Cullen, Z., Glaeser, E. L., Luca, M., & Stanton, C., "The Impact of COVID-19 on Small Business Outcomes and Expectations", *Proceedings of the National Academy of Sciences of the United States of America*, No. 117, 2020.

Xu Wei, "Nation Sets Its 2021 Goals for Economy", *China Daily*, December 19, 2020. https://www.chinadaily.com.cn/a/202012/19/WS5fdd346ca31024ad0ba9cc00.html.

白重恩、张琼：《中国生产率估计及其波动分解》，《世界经济》2015年第12期。

蔡昉：《中国经济增长如何转向全要素生产率驱动型》，《国民经济管理》2013年第4期。

国际货币基金组织:《世界经济展望》(World Economic Outlook), 2021年第4期。

黄群慧等:《面向中上等收入阶段的中国工业化战略研究》,《中国社会科学》2017年第12期。

经济合作与发展组织:《经济展望报告》(Economic Outlook), 2021年第3期。

李平等:《2016—2035年中国经济总量及其结构分析预测》,《中国工程科学》2017年第1期。

联合国:《2021年世界经济形势与展望》(World Economic Situation and Prospects 2021), 2021年第5期。

刘伟、陈彦斌:《"两个一百年"奋斗目标之间的经济发展:任务、挑战与应对方略》,《中国社会科学》2021年第3期。

刘伟、张立元:《经济发展潜能与人力资本质量》,《管理世界》2020年第1期。

刘晓光等:《金融结构、经济波动与经济增长——基于最优产业配置框架的分析》,《管理世界》2019年第5期。

刘晓光等:《杠杆率、经济增长与衰退》,《中国社会科学》2018年第6期。

刘晓光、刘元春:《杠杆率、短债长用与企业表现》,《经济研究》2019年第7期。

刘晓光、刘元春:《延迟退休对我国劳动力供给和经济增长的影响估算》，《中国人民大学学报》2017年第5期。

刘晓光、卢锋：《中国资本回报率上升之谜》，《经济学（季刊）》2014年第3期。

刘元春：《读懂双循环新发展格局》，中信出版社2021年版。

刘元春等：《世界经济结构与秩序进入裂变期的中国战略选择》，《经济理论与经济管理》2020年第1期。

盛来运等：《中国全要素生产率测算与经济增长前景预测》，《统计与信息论坛》2018年第12期。

世界银行：《全球经济展望》（*Global Economic Prospects*），2021年第6期。

尹恒、李世刚：《资源配置效率改善的空间有多大？——基于中国制造业的结构估计》，《管理世界》2019年第12期。

中国经济增长前沿课题组：《中国经济长期增长路径、效率与潜在增长水平》，《经济研究》2012年第11期。

中国人民大学中国宏观经济分析与预测课题组：《迈向双循环新发展格局的中国宏观经济》，《经济理论与经济管理》2021年第1期。

后　记

2021年是中国宏观经济持续复苏的一年，呈现出"前高后低""结构分化"和"压力加剧"的运行特征。一方面，新冠肺炎疫情防控的总体稳定、外资外贸的景气持续、高新技术产业的持续向好以及已经全面建成小康社会，为中国宏观经济在疫情期间的持续复苏提供了持续的动力和坚实的基础。另一方面，新冠病毒变异下新冠肺炎疫情的反复、极端天气的出现、大宗商品价格的高企、宏观经济政策的快速常态化、房地产和碳减排等结构性调整政策的同步实施、金融风险的控制以及平台整顿引发的社会舆情变异，使中国宏观经济下行压力在下半年持续上扬，经济复苏进程有所放缓，负向产出缺口有所扩大，前高后低的态势明显放大。

本书成稿于2021年年中，与前期预测分析和各类研究相比，2021年全年中国宏观经济呈现出以下11个新现象、新问题和新特征。

1. 成功的新冠肺炎疫情防控和中国制造体系的强大依然是中国宏观经济在疫情期间持续复苏的核心基础之一，中国外贸和外资的持续高涨依然是经济复苏的核心动能之一。中外防疫能力的差别以及全球供应链的脆弱性使中国新冠肺炎疫情防控红利和全球供应中心效应有中期化的趋势，2021年中国外需的宏观经济复苏的贡献不仅没有出现明显回落，反而出现超预期的持续。

2. 中国科技自立自强战略的全面启动、新冠肺炎疫情带来的工作方式和生活方式的变化以及全球对高技术制成品的需求持续上扬，直接导致疫情期间创新驱动发展态势持续向好，数字经济占比持续上升，高新技术行业利润增速与投资增速保持高位运转，研发投入新型激励体系开始出现，中国新旧动能转换在疫情期间得到了加速。

3. 2021年第二季度以来经济逐季回落难以用基数效应、新冠肺炎疫情反复、天气变化等外生因素得到合理的解释。剔除基数效应，参照非疫情暴发和非天气恶劣区域或部门的表现，可以看到中国宏观经济政策的过快常态化、各种结构性政策的非预期性叠加以及中国结构性大转型的全面出现是本轮经济下行压力加大的深层次核心原因所在。因此，本轮经济增速的回落具有强烈的趋势性特征和结构性特征，我们不仅需要在短期总量政策、结构性逆周期政策上进行对冲，同时也需要中期跨周期调节政策做出相应的调整。

4. 各类先行参数的变异和市场主体预期的回落充分说明市场预期已经发生了系统性的变化。这不仅反映了市场主体对短期政策调整所作出的不乐观的态度，更重要的是反映了市场主体对于新冠肺炎疫情变化、政策调整、战略定位在高度不确定性条件下持非常审慎的态度。

5. 国际大宗商品价格上涨导致中国出现输入性通胀和上游成本上涨的冲击，对中国制造业和原材料密集行业带来了较大的压力。但国际大宗商品价格的上涨难以全面解释中国面临的供给端成本冲击的压力。进口价格指数涨幅高于出口价格指数 8 个百分点，生产者购进价格指数高于生产者出厂价格指数 3.6 个百分点，PPI 生产资料价格高于 PPI 生活资料价格 8.1 个百分点，PPI 高于 CPI 达 10 个百分点，说明成本冲击的价格传递效应很弱，中国各类企业的利润侵蚀从进口到出口、从上游产业到下游产业已经持续逐级递增，大量中小企业难以承受需求下滑与成本上升的两端挤压，市场复苏的内生动力存在变异的可能。

6. 2021 年第一、二季度宏观数据的向好导致中国过早、过快地采取了宏观经济政策的常态化，使货币政策力度指数、财政政策力度指数以及金融条件指数进入过紧的区域，导致整体宏观经济复苏难以抵御疫情波动、外部冲击以及各种结构性调整带来的叠加冲击。

7. 煤电荒带来的电力供求缺口快速扩大是中国供给端下滑的另一个核心因素。煤电荒的出现不仅与煤炭价格上扬有关，更重要的是绿色转型进程中供给摩擦与政策协调失灵的产物，电力瓶颈现象难以在短期内得到缓解。

8. 国际供应链瓶颈问题持续的时间比预期要长、发生的范围比预期要大、产生的冲击比预期要强烈。汽车行业缺少芯片问题对中国总需求和总供给都带来强劲的冲击，国际供应链的恢复将对中国经济带来比较复杂的变化。

9. 房地产管控政策的加码以及房地产长效机制改革的全面启动标志着中国房地产市场进入新时期，去金融化、去土地财政以及存量调整等战略定位决定了与房地产相关的宏观变量将面临趋势性回落，短期逆周期政策难以且也不必要过度进行对冲性操作。恒大事件的出现要求中国短期逆周期调节、宏观审慎监管以及中期结构性改革需要新思路，未来存量调整时期对于短期宏观稳定和风险控制提出了更高的要求。

10. 中国宏观债务率的持续高企导致中国融资的本息支付率大幅度上升，导致市场对于流动性要求的机制体系发生变化，地方债务总量问责制、房地产持续贯彻"房住不炒"的战略导致中国资金循环模式发生变化，风险释放和风险暴露的模式也将发生变化，常态下的标准稳健货币政策很容易带来结构性的紧缩和相应的风险。

11. 2021年第二季度以来供给端和需求端都出现明显的复苏乏力现象，但核心CPI和产出缺口的变化表明，需求端复苏力量的收缩更为明显，同时在新冠肺炎疫情冲击和结构性政策作用下，短期供给能力的损失以及潜在增长能力的下降也值得高度关注。

上述11个现象的出现表明，2021年中国宏观经济复苏的进程十分复杂，影响经济复苏进程的力量既有外生因素也有内生因素，既有短期波动和周期调整，也有中长期结构性因素的冲击，更有政策协调的因素。因此，从综合角度来看，宏观经济政策即使进行快速调整，也难以对冲多因素、多层次的下滑压力，2021年第四季度宏观经济复苏持续乏力，经济增长速度将进一步回落。

从短期来看，我们能否快速逆转中国经济复苏乏力的局面，主要取决于以下几个方面的因素：一是煤电荒是否能够在短期得到有效解决；二是房地产信贷政策的放松是否可以逆转当前趋势性的下滑趋势；三是汽车芯片荒是否能够在短期内得到缓和，从而使中国经济复苏在供需两端得到释放；四是几大价格背离的现象会持续多久，这种背离带来的成本负担是否超越了很多市场主体的承受能力；五是冬季国内新冠肺炎疫情是否会从"多点散发"演化为"多点密发"，从而导致经济社会秩序的变异；六是欧美通货膨胀的全面显现是否会导致中国需求持续上扬；七是美国退出数量宽松是否会在边际引起中国金融市场的调整；八是全球供应链和产业链面临的各种短期瓶颈是否已经中期化，导致中国外需的窗口期得到较长的延续；九是宏观经济政策是否进行总体性再定位，全面改变财政和货币政策力度偏紧的局面；十是各种运动式的结构性政策是否能够脱离"层层叠加"与"几碰头"的困境，中国宏观经济治理体系在反思中是否能够得到快速的改善，结构性政策与总量性政策、逆周期政策与跨周期政策都能够寻找到新的平衡。

从中期来看，2022年是党的二十大召开之年，"十四五"规划全面落实的一年，新发展格局全面布局的一年，更是各地政府全面换届之后的一年。2022年中国宏观经济必将逆转2021年经济复苏乏力、增速回落的势头。一方面它将部分延续2021年宏观经济复苏的动力和基础，另一方面在宏观经济政策再定位、协调体系再调整以及"十四五"规划全面落实等因素的作用下，宏观经济下行压力将得到极大的缓解。

刘晓光

2021 年 11 月 30 日